Círculo Rojo
EDITORIAL

AMOR EN AZUL
TURQUESA

Parte I

AMOR EN AZUL TURQUESA

Parte I

Bárbara María Fuentes Sarabia

Círculo Rojo
EDITORIAL

Primera edición: junio 2024

Depósito legal: AL 1350-2024

ISBN: 978-84-1073-503-3

Impresión y producción: Editorial Círculo Rojo

© Del texto: Bárbara María Fuentes Sarabia
© Maquetación y diseño: Equipo de Editorial Círculo Rojo

Editorial Círculo Rojo

www.editorialcirculorojo.com

info@editorialcirculorojo.com

Impreso en España - Printed in Spain

Índice

BÁRBARA MARÍA
FUENTES SARABIA

AGRADECIMIENTOS

Dicen que a la vida venimos a tres cosas: a aprender, a ser feliz y a ayudar a los demás. Yo escribiendo este libro he aprendido a sentir, a creer y a crear, a sentirme libre en cada tecla, a creer que todo lo que me ha ido sucediendo mientras lo escribía tenía un motivo, que hay quien me guía porque confío y creo en ello y que esa es mi verdad, y ya que la he encontrado, no pienso renunciar a ella.

De esta manera, he creado mi propia máquina del tiempo, un libro que perdurará tanto que cuando lo relea dentro de muchos años me devolverá a este mismo instante en el que escribo esto.

He sido muy feliz escribiendo y, aunque la inspiración no siempre llega, he tenido la suficiente paciencia para darle forma, porque como escribí un día: «La felicidad no se busca, nos encuentra, nos invade, se siente, se vive por momentos, se sabe cuando está, a veces dura unos segundos, otras veces, una eternidad».

Espero ayudar a quien lo lea, tal vez si lo estás leyendo ahora te puedas sentir identificado con algo o un solo párrafo encienda esa luz que todos tenemos y cuya bombilla, a veces, está a punto de acabarse y pida un cambio a gritos. Pero es que en la vida también hay que saber aceptar ayuda y yo estoy sumamente agradecida a las personas que me han ayudado contándome sus historias, abriéndome su corazón sin casi apenas conocerme y respondiendo a los miles de incógnitas que me rondaban, y es que sin ellos esta historia no tendría sentido porque me han enseñado que nunca es tarde para rendirse y que los obstáculos se superan, con mucha lucha y simplemente siendo buenas personas. Así que gracias a Carlos Mario y Henry.

Everyone is an alien somewhere.
Coldp_ay

1. AZUL CELESTE

GALES, ABRIL 1970

SIA

Sia tenía dieciséis años cuando decidió que quería dedicarse al mar.

—Dedicarse al mar no es una profesión —le gritaban sus compañeros mientras dejaba su mochila de margaritas cosidas por su madre apoyada en la silla de madera de la clase.

Ella agachaba la cabeza y hacía como que los ignoraba, aunque bien sabía lo que dolían aquellas palabras; se clavaban como espinas de una rosa a punto de florecer, pero que al final marchita porque no la riegan lo suficiente.

Así era Sia, una flor que igual que crecía acaba marchitándose, lentamente, como las manecillas de un reloj cuya pila está a punto de acabarse.

Sia vivía en Holyhead, una ciudad localizada en la isla de Holy, perteneciente al condado de Anglesey, al noroeste de Gales. Su hogar, una pequeña casa frente al mar. La arena era aterciopelada, de un color camel y a lo lejos se vislumbraba el puerto. Un pequeño sendero con laderas verdes a los lados te llevaba hacia él. La mayoría de sus compañeros estaban deseando cumplir la mayoría de edad para marcharse a la capital, pero un sentimiento de bienestar se apoderaba de ella cuando abría las ventanas de madera de su casa, pintadas de un color azul turquesa, cuyos marcos chirriaban al abrirse y en cuyos cristales se reflejaban los destellos del sol, los cuales no podía mirar de manera directa porque se clavaban en sus pupilas como dos agujas bien afiladas.

Tenía la playa tan cerca que casi podía bucear en casa cuando subía la marea. Sus vecinos más cercanos eran la familia Davies, cuya hija era su amiga, Anna, la única niña del instituto con la que se relacionaba. Las tardes de verano se la pasaban juntas. Ambas tenían algo en común, uno de sus progenitores había fallecido. La madre de Anna había fallecido en el parto cuando la tuvo y el padre de Sia murió a causa de la gripe de Hong Kong, justo antes de que ella naciera mientras viajaba en busca de hacer el que era para él «el viaje de su vida» o eso al menos era lo único que le contó su madre acerca de él.

Cuenta su madre que su hija es mitad persona mitad sirena, que su pasión por las olas y por el agua salada no es ni medio normal. Desde pequeña se la pasaba señalando el océano, y los juguetes de la playa los cambiaba por caracolas y conchas de gran tamaño.

Cuando las dos niñas se marchaban al colegio, la madre de Sia, Cambria, y el padre de Anna, Aron, charlaban, tomaban café y se satisfacían en todos los sentidos.

— ¿Te parece bien que lo llevemos en secreto por las niñas? —le dijo Cambria a Aron al poco de que sus quedadas pasaran a ser algo más que solo tazas de café hasta arriba y magdalenas y galletas encima de la mesa.

Él aceptó, siempre y cuando le siguiera dejando ir a sus conciertos que llenaban todas las butacas porque tocaba el piano como si fuera una diosa.

DARÍO

Darío tenía veinte años. Italiano de nacimiento y al cual posiblemente en los últimos cuatro años nadie le había visto las manos sin una gota de pintura. Desde bien pequeño le manchaba las paredes de pintura a su madre. Ella solía decir que no le reñía porque sus paredes no iban a ser pintarrajeadas por su hijo en vano, sabía el talento que tenía. Desgraciadamente, su madre falleció de cáncer cuando él acababa de terminar los estudios e iba a acceder a la escuela de Arte. Nunca llegó a entrar, se quedó huérfano; su padre también murió a causa de un ajuste de cuentas con la mafia italiana varios años atrás. Darío heredó la casa donde vivían, pero tuvo que buscarse la vida por las calles italianas del momento. Dejaba su boina de color rojo en el suelo y con su maletín de pinturas recorría Emilio-Romagna en busca de que algún turista le parase y pudiese pintarle lo que viene siendo un retrato, un pequeño lienzo con alguna caricatura o un paisaje de la zona, llevándose consigo un bonito recuerdo a casa. Él se hizo un día un autorretrato, con la intención de resaltar su heterocromía, un ojo azul y otro verde, así como su pelo despeinado de color hollín. No se podía negar lo atractivo que era y lo mucho que cautivaba su mirada, acompañada de una mandíbula perfectamente marcada.

Sin nadie, sin familia y casi sin amigos, Darío nunca perdía la fe en que algo mejor estaba a punto de suceder, pero las calles de Emilio-Romagna se llenaron de falsos artistas, con cuadros ya pintados y falsificados con firmas que no eran suyas y que por desgracia a los turistas encantaban porque no tenían que esperar, porque un recuerdo para ellos era suficiente, y cuando se trataba de tiempo a todo el mundo le faltaba, excepto a Darío, cuyo reloj parecía que no pasaba los segundos y al que le cambió la pila varias veces para ver si ese era el problema.

Ese día hacía un calor sofocante y las calles estaban llenas de turistas deseando comprar agua para refrescarse mientras buscaban sombrajes hasta debajo de las piedras. Darío se sentó en una pequeña escalinata cerca de la catedral, se quitó el reloj, dobló los codos, se puso las manos sobre las mejillas, suspiró y cerró los ojos.

Una voz masculina le susurró:

—Buenas tardes, ¿podría hacernos un retrato a mi hija y a mí?
—Era un hombre esbelto acompañado de su hija.

—Claro —exclamó Darío entusiasmado, pues eran los primeros clientes de la tarde.

Sus manos se movían rápido, de izquierda a derecha y de derecha a izquierda. Los ojos del padre a veces se cerraban del deslumbre de los rayos de sol. No sabía dónde mirar, sin embargo, la niña pequeña estaba mirándolo fijamente como si fuese un examen, se notaba que estaba disfrutando. El hombre tenía un largo bigote e iba vestido de traje. La niña con vestido rosa, zapatos brillantes y un lazo de color blanco; sus rizos parecían de oro cuando el sol se reflejaba en ellos; sus ojos eran tan negros que llamaba la atención el contraste. Darío decidió pintarlo con gafas, aunque este se las ponía y se las quitaba queriendo evadir la luz del sol. Terminó por pintar el pequeño lunar del lado del labio de ella para que pareciese más realista. Cinco gotas seguidas de sudor caían de su frente, las cuales secó rápidamente con la camiseta.

—Terminé, no es tan bueno como me gustaría, os cobraré la mitad —dijo sonriendo.

El padre y la hija tenían ganas de verlo, no importaba lo que Darío dijese, iba a ser un recuerdo de ellos para siempre.

— ¿Pero tú lo has visto? ¡Somos iguales! —dijo la pequeña mientras le tiraba de la chaqueta a su padre.

El cuadro era de tamaño folio. La realidad era el padre en una silla de madera con el asiento de color verde y la hija encima de su pierna izquierda. Darío lo había pintado en blanco y negro. Con un carboncillo había captado la sonrisa tierna de una hija que llenaba de felicidad a un padre.

—Es simplemente precioso, nada de mitades. Nunca te subestimes, muchacho, aquí tienes tu parte y mi tarjeta, por si te interesa. Puedo ofrecerte entrar en mi grupo de arte, soy profesor —le dijo estrechándole la mano.

—Don Ernesto Ruiz, profesor de Arte en la Universidad de Conwy —leyó en voz alta, y susurró—: ¿Conwy? ¿Pero eso dónde está?

SIA

—Me gustaría que comprases una tabla de surf.

—Sia, ¿de verdad crees que tengo dinero para comprarla? —le respondió su madre mientras le acariciaba el pelo.

—Pues entonces deja que vaya a trabajar.

Sia se levantó de la mesa donde estaba sentada, sulfurada y ansiosa. Después de mucho pensar cómo se lo diría a su madre, se lo soltó como el que suelta una bomba de humo y echa a correr.

En febrero de 1970, casi seiscientas mujeres se habían reunido para hacer historia. Fue la primera conferencia del Movimiento de Liberación de la Mujer en Reino Unido que lanzó al activismo a una nueva generación de mujeres que luchaban por cambiar el mundo. Consiguieron igualdad de oportunidades laborales y educativas. Estaban a la orden del día y Sia se consideraba una de ellas.

—Tienes solo dieciséis años.

Cambria también se levantó de la mesa, con un tono que elevó y que a Sia molestó tanto que salió pegando un portazo.

La niña de cabello rojizo, ojos verdes y piel blanquecina (la cual se había acabado tostando de tanto tomar el sol), con millones de pecas en la cara (un cúmulo de ellas simulando a la constelación de la osa mayor), estaba sacando a la luz su personalidad.

Qué iba a decir la madre si la hija era igual que ella, había heredado su color de pelo y sus pecas, su constitución delgada y sus manos de pianista, sus labios agrietados y sus ojos guiñados, su mal genio y su terquedad, pero también su bondad y entusiasmo por las pequeñas cosas, su espíritu aventurero y su pasión por la vida y el mar.

Tras haber pegado ese portazo, Sia fue en busca de Anna, tocó la puerta de su casa y apareció su padre.

—Anna está castigada, que se os quite de la cabeza esa tontería, debes marcharte —le dijo cerrándole la puerta en la cara.

Aron era muy alto, muy rubio y muy fuerte, además tenía una sonrisa encantadora. Trabajaba en la comisaría de la ciudad y no le gustaba la desobediencia, su misión era que todo el mundo cumpliese la ley al pie de la letra. Cuando su mujer murió, se prometió a sí mismo que nunca le pasaría nada a su pequeña hija, que ahora había crecido y a la cual no sabía qué consejo darle para que fuese feliz sin que su integridad física estuviese en peligro.

DARÍO

Miraba la tarjeta y la guardaba, la volvía a mirar y la volvía a guardar. Estaba hecho un mar de dudas. Tenía suficientes ahorros como para ir a Conwy, pero ¿y si no era lo suficiente bueno? Aun así, pensaba que no tenía nada que perder, que ya lo había perdido todo.

Decidió ir a una biblioteca que había a las afueras de la ciudad, primero tenía que saber dónde estaba ese lugar antes de tomar una decisión. Al entrar quedó fascinado, millones de libros ordenados por orden alfabético, una estantería solo con los más tochos y un rincón con los infantiles. Nunca había entrado a esa librería en específico, pero las maravillas que hablaban de ella no eran en vano.

—¿Cuánto tiempo tardará alguien en leer todo esto? —susurró.

—Lo suficiente como para vivir cinco o seis veces, ¿no crees? —respondió una jovenzuela con un uniforme verde oliva y gafas de bibliotecaria que pegaban con su color de pelo rosa pastel y la cual no paraba de mascar chicle como si se le fuese la vida en ello.

—Seguramente... —Una tierna sonrisa se dibujó en su cara y sus mejillas se tornaron de un rojo fuego. La bibliotecaria lo miraba tan fijamente que lo intimidaba—. ¿Sabe dónde puedo encontrar información sobre la ciudad de Conwy?

—Mmm Pasillo de geografía, todo recto a la izquierda y luego a la derecha, letra C; si hay algo, debe estar ahí.

—Gracias.

La chica del pelo rosa siguió su recorrido al ver que Darío no estaba pensando en otra cosa que no fuese encontrar su libro. Tomó una enciclopedia gigante que casi se le cae de lo mucho que pesaba. Empezó a pasar las páginas intentando encontrar alguna información sobre esa ciudad.

—Conwy está situada al norte de Gales, en Reino Unido —exclamó—. Perdone, señorita, me la llevo.

—Encontró lo que buscaba, me alegro —le dijo la chica incansable del pelo rosa guiñándole un ojo.

Darío sonrió y simplemente se marchó.

Esperó a que llegase su turno en una cabina telefónica. Llamó al señor Ernesto y este le respondió al segundo toque.

Don Ernesto era español, pero hablaba el italiano y el inglés. Su forma de enseñar era diferente al resto. Creía en los que tenían don y en los que no lo tenían, creía en la gente trabajadora y en los más perezosos que necesitaban motivación. No discriminaba a nadie, eso sí, siempre que viese a través de sus ojos un corazón más limpio que un cáliz y una sonrisa tierna e inocente. Darío lo entendía perfectamente. *«Es lo que tiene estar siempre en la calle, aprendes o no ves dinero»*, decía cuando la gente de la zona le felicitaba por lo bien que hablaba idiomas.

—Hola, soy Darío, el chico que le pintó el retrato a usted y a su hija y solo quiero decirle que tengo suficientes ahorros y ganas como para coger un avión, dos trenes y un autobús para ir hasta Conwy.

—Muy bien, jovencito, apúntese la dirección.

SIA

Tras la decepción de que su madre no le diera su consentimiento, decidió buscar el puesto de trabajo ella sola. Total, no necesitaba a Anna ni tampoco a su madre para apañárselas como siempre había hecho.

El día estaba nublado, seguramente iba a tardar poco en empezar a llover. Las calles estaban vacías, eran estrechas, con casas de colores que te levantaban el ánimo con solo mirarlas. La gente del pueblo era bastante solitaria, solían ayudarte si lo necesitabas, pero no se metían en la vida de los demás.

Sia quería aprender a hablar español y leía varias novelas para poder ir cogiendo algo de práctica. En esas novelas, España era un país atolondrado, diverso, lleno de color y esperanza, su gente era dicharachera, sobre todo en el sur. En esas novelas, ella viajaba tanto que ya se imaginaba vestida de flamenca tocando las castañuelas, deseaba viajar a Cádiz y ver la costa, sus casas blancas, el aire amigable de su gente. Soñaba con navegar algún día hacia ese lugar que por su cabeza tanto rondaba.

Aunque también estaba enamorada de su ciudad, en ella había un puerto lleno de *ferries*, con sus prados verdes a los lados y un largo muelle. Le apasionaba ver a la gente subir y bajar, las bienvenidas y las despedidas, a los capitanes entusiasmados por el viaje y creyéndose importantes, a la gente susurrando el miedo que habían pasado por el oleaje y a los más pequeños, boquiabiertos por ver lo maravilloso que era Holyhead. En efecto, era su sitio favorito, en ese lugar sentía paz; cuando iba solo respiraba y se recargaba para poder seguir luchando por lo que más quería.

Empezó a llover, no le importaba mojarse, las gotas de lluvia se disimulaban entre sus pecas y solo se alcanzaba a verlas cuando desembocaban cerca de sus mejillas. Entre tanto, alguna lágrima caía, nunca dijeron que las personas fuertes no lloran, al contrario, ella pensaba que, si no lloraba, nunca iba a poder desprenderse de esa sensación tan tensa que le inundaba el corazón.

—Niña, ¿estás bien? Llueve mucho —le preguntó un hombre de mediana edad con un cubo en la mano, el cual contendría peces o a saber qué cosa.

—Estoy buscando trabajo, ¿sabe de algo? —tuvo que gritar para que la escuchara, el aire era violento y le empujaba hasta tal punto que tenía que hacer fuerza para que no la tirase.

—Sube al bus, te llevaré a casa —le dijo el hombre devolviéndole el grito y girando la cabeza hacia ambos lados como si hubiese perdido la fe en los adolescentes.

—Pensé que trabajaba en el puerto, al verlo con el cubo... —respondió ella mientras subía.

—No quieras saber qué llevaba ese cubo, es muy malo marearse en el bus.

Sia se sentó en el primer asiento, ladeó la cortina mientras miraba como la lluvia se deslizaba por la ventana. No había ni un alma, ni gente, ni coches, nada, solo estaba ella perdida en sus pensamientos esperando que un ángel tocara su puerta y la guiase. No sabía qué hacer ni tampoco entendía por qué a cada instante que pasaba sentía más la necesidad de hacer lo que deseaba.

— ¿Le dejo aquí, jovencita?

—Perdona…, emmm, sí —exclamó Sia.

—Por si te interesa, conozco a un amigo que necesita a alguien para limpiar su barco y algunas cosas. Dile a tu madre que vaya a ver a Tom, el de las botas —le dijo mirándola con cara de picardía.

Sia asintió con la cabeza y agradeció, estaba contenta porque podría ser la oportunidad que esperaba y la cual le acababa de poner el destino en su camino. Era tan fuerte su sentimiento que ese ángel no tuvo más remedio que concederle el deseo. Solo había un impedimento, su madre.

DARÍO

Se despidió de algunos compañeros de oficio, cogió su maletín de madera lleno de pinturas y, manchado de ellas, cerró con llave y salió. Era la primera vez que no sabía cuándo volvería y si lo haría. En una mochila, dos camisetas y tres pantalones, dos informales y unos formales, unos zapatos y una corbata. Llevaba la enciclopedia en la mano, quería informarse bien sobre Conwy, una ciudad amurallada al norte de Gales con un histórico castillo que construyó el rey Eduardo I de Inglaterra en su conquista de Gales, siglo XIII, sin duda, lo más famoso de allí. Su destino era The Royal Cambrian Academy of Art, lo que siempre había soñado; la vida le había puesto la zancadilla varias veces y en dos ocasiones tropezó y cayó, pero lo más importante es que se había levantado y nunca había dejado de creer, sabía que se merecía algo bueno y, aunque tuviese momentos en los que las tormentas se asentaban encima de su cabeza, pronto empezaba a llover y acababa saliendo el sol.

Era la primera vez que viajaba solo y el pánico le recorría el cuerpo. Cogió un autobús de Emilio-Romagna a Roma; una vez allí, tomó un avión de Roma a Londres. El avión le asustaba, era un medio de transporte inusual para él y le hubiese gustado montarse junto a su madre para que le agarrase fuerte la mano si sentía miedo o que simplemente le tranquilizase con sus caricias. Siempre decía que su madre no superó lo que su padre le hizo, que sufrió mucho por él, que después de su muerte no llegó a rehacer su vida, lo quería tanto

Tras aterrizar, buscó a pie la estación de tren, era el último trayecto que le faltaba para llegar hasta su nueva ciudad. Miró el reloj, se percató de la hora que era y empezó a sudar; llegaba casi una hora tarde, no se lo podía creer, había perdido el tren. Corrió lo más rápido que pudo hasta la estación, preguntó al revisor cuál era el próximo tren hasta Conwy.

—Lo siento, el próximo tren sale mañana a las 6:50.

—*Merda* —exclamó.

Darío se sentó y apoyó su espalda contra la pared, iba a ser una noche larga y necesitaba descansar. La estación de Londres nunca dormía, miles de personas pasaban de un lado a otro, se bajaban y subían, corrían y esperaban, todo tipo de nacionalidades y características. Los revisores miraban el reloj esperando que acabase su turno; algunas personas se quejaban y chillaban porque lo habían perdido; niños bien agarrados de las manos de su padre o madre y millones de insectos recorriendo las vías de aquella estación.

Una mujer de unos setenta años de edad, con gafas de cubo de vaso, pelo de color blanco, un poco encorvada y vestida como los guiris a los que él dibujaba se acercó a él.

—Chico, ¿me entiende?

—Desde luego, ¿qué necesita? —Se levantó junto a su maletín.

—Mire mi billete, no veo bien mi número de tren y no sé cué vía es.

—El 912, igual que el mío, pero tendrá que esperar, ese tren ya se ha ido. —Agachó la cabeza y resopló.

— ¿Cómo que se ha ido, jovenzuelo?, si sale a las 20:30 y son y cuarto —exclamó ella sonriéndole.

— ¿Son las 20:15?, pero en mi reloj son las 21:15. Cuando salí de Roma me funcionaba.

— ¿Roma? —echó a reír—. Tesoro, aquí es una hora menos. Vamos juntos, nos sentaremos al lado.

No pudo evitar sonreír de oreja a oreja. «Gracias, mamá», pensó para sí mismo.

Aquella anciana se llamaba Mery, iba a visitar a su hija y a su nieta. Su hija la esperaba en la estación para recogerlas e ir juntas hasta la ciudad donde vivía. Durante el trayecto le estuvo contando a Darío cosas sobre su juventud. Había tenido una tienda de antigüedades y su marido estaba enfermo de los pulmones y, mientras ella viajaba, lo dejaba con una vecina que lo cuidaba. Le enseñó dos pulseras de plata y un collar de oro, reliquias que no había conseguido vender en la tienda y que ella se quedó.

—A la gente le gusta comprar objetos antiguos, coleccionarlos…, pero cuando te preguntan por la historia que hay detrás, salen corriendo. Algunos objetos con solo mirarlos te remontan a épocas pasadas donde sabes que alguien llegó a sufrir mucho; otros te ponen la piel de gallina porque sabes que son reliquias que, con cada día que pasa, valen mucho más. Hay casos que me hacen recordar que un día los bisabuelos o tatarabuelos de las personas que vienen a comprarlos me los trajeron para venderlos porque iban escasos de dinero —relató de manera intrigante.

—Creo que pasa igual con los cuadros. He visto cuadros valiosos que con solo mirarlos te dan escalofríos; otros que piensas en cuánto tardaría alguien de tantas décadas atrás en pintarlos como si fuesen fotografías; otros que los ves y parece que alguien lo ha hecho sin querer, pero que te adentran en un sinfín de pensamientos; otros que te remueven por dentro... Sea como sea, no creo que haya otra cosa que más me guste que admirar cada uno de ellos.

—Y tú, ¿qué sientes al pintarlos?

SIA

Sia le explicó a su madre la situación que había vivido en el autobús y que lo que más deseaba era que fuese a hablar con ese tal Tom. Cambria se quedó callada, adoptó una actitud rara toda la semana, se encerró en su habitación y solo salía para comer. Sia estaba nerviosa, se sentía culpable, daba largos paseos por la playa autoconvenciéndose de que la había errado, que había desobedecido a su madre y que no siempre podía salirse con la suya, solo quería que su madre fuese la de antes. Los días estaban siendo insoportables, la sensación de querer trabajar seguía ahí, pero el amor que sentía por su madre era más fuerte, al fin y al cabo, debía estudiar, ya tendría tiempo para trabajar; por otro, veía que la única forma de dedicarse a lo que quería era ahorrar un poco, tal vez estaba intentando vivir demasiado rápido, tal vez sí que podía con todo. Anna era su pilar fundamental, no daba consejos, solo escuchaba, asentía y abrazaba a Sia haciéndole entender que todo se iba a solucionar.

Aron fue a visitar a Cambria varias veces, a la tercera vez le abrió la puerta. Cambria empezó a llorar. Había intentado ser fuerte durante demasiado tiempo. Con Aron podía ser ella misma, podía hablar de cualquier cosa, decirle lo que sentía, ya que sabía que no la iba a juzgar.

—Siento no haberte abierto antes, no tenía fuerzas para ver a nadie. Me estalla la cabeza, Aron.

—Anna me ha contado la situación. ¿Quién era ese autobusero?, ¿le conoces?

—De vista, pero temo que Sia vaya a ver a Tom y este le cuente la verdad.

—Has de ir tú antes y advertirle. Ya conoces a Sia, si te sigue viendo así, con lo terca que es esa niña, no parará hasta averiguar...

Sia entró de repente y Aron se marchó. Se sentó en el sofá de piel *beige* del comedor. Cambria preparó la merienda, para ella un café helado y para Sia un batido de chocolate. Parecía una ocasión especial, colocó el mantel de cuadros rojos y blancos sobre la mesa de centro. Una ventana a la izquierda donde se veía el atardecer. Apagó la tele y pegó un sorbo a su café.

—Iré a hablar con Tom.

—Mamá, no quería hacerte sentir así, me ha dolido mucho.

—No te preocupes, no es por ti, estoy algo cansada del trabajo, me sentía rara, se me ha juntado todo. Mañana por la mañana hablaré con él. Cuando vengas del colegio, tendrás una respuesta. —Le cogió las manos a su pequeña niña, la miró con lágrimas en los ojos y se abrazaron—. Eso sí, si vas, será por las tardes, después de comer y hacer los deberes; acabarás justo antes del anochecer y descansarás los fines de semana.

DARÍO

Se quedó pensativo, nunca nadie le había preguntado por él, por sus gustos o sus inquietudes. Esa anciana le había preguntado algo de lo que bien sabía la respuesta, pero que nunca había dicho en voz alta. Le sudaban las manos. El tren acababa de parar. Habían llegado a su destino después de cuatro horas y media de trayecto. La anciana lo miró esperando la respuesta, pero la gente se levantó de golpe y empezó a irrumpirles mientras intentaban recoger sus equipajes. Los revisores alzaban la voz diciendo que de uno en uno. La gente quería salir como si alguien acabara de anunciar que había una bomba, con ansia de llegar a su destino. Mientras tanto, Mery y Darío seguían sentados esperando que pasase el aglomeramiento, en silencio. Darío pensaba su respuesta y Mery la esperaba.

—Parece que ya hemos de bajarnos. Ha sido un placer, chico. —Sacó de su bolso una pequeña libreta azul con las hojas de un color camel como si les hubiese caído agua encima. Cogió un lápiz de otro bolsillo cerrado con cremallera y apuntó su número—. Por si necesitas algo, estaré casi un mes por aquí.

—La llamaré, gracias por todo.

Si algo no perdía nunca Darío era su sonrisa al agradecer algo, porque no agradecía en balde, agradecía con el corazón.

Mery se alejaba como se alejan los vaqueros al finalizar una película del Oeste, con su maleta de piel y su camiseta roja y blanca, unos pantalones de lino de color *beige* y un cabello que daba botes con el viento de frente. En su mano derecha, un sombrero negro para no quemarse la cara cuando llegase. Darío la miraba marchar y algo dentro de él le decía que corriese como si un tren se le escapase y tuviese que gastar hasta la última gota de aliento.

—Mery, ¡espera! —Corrió todo lo que pudo hasta alcanzarla—. Yo siento la necesidad de pintar. Hay algo dentro de mí que cambia cuando pinto, una sensación que nunca he descrito en voz alta. Me siento libre, me siento en paz, siento que puedo ser muchas versiones a la vez de mí mismo y que todo está bien, me siento seguro, puedo plasmar lo que quiera y sé que, aunque me juzguen, no me dolerá porque es algo puro y limpio, pero también dudo, dudo mucho cuando pinto para otros, pero nunca cuando lo hago para mí mismo porque con cada pincelada me acerco un poco más a mí, a mi ser interior. No sé qué haría sin la pintura, la pintura me ha salvado la vida.

—Darío —le cogió las manos—, la pintura no te ha salvado, te has salvado a ti mismo pintando.

Mery se emocionó, al fin y al cabo, eran dos locos desnudando sus sentimientos en una estación de tren.

SIA

Hacía tiempo que Cambria no pisaba el puerto, puesto que no tenía buenos recuerdos de aquel sitio. Empezó a buscar el barco de Tom, un velero de los años cincuenta llamado *Charlie,* el cual tocaba la bocina con dos cortos pitidos cuando aparecía. Lo recordaba con una raya de color azul que cruzaba todo el velero de proa a popa, con asientos de piel negros que pedían a gritos ser cambiados, un timón del tamaño de una rueda de un camión y un descascarillado costado que con el paso de los años seguro estaría aún peor. Pero ningún velero de los que había en el puerto daba esas características. Buscó por el muelle y nada. Preguntó a unos hombres con sacos en las manos, sudando y manchados de tinta, y nada. Esperó un poco y decidió irse a casa, pero los hombres que habían negado saber la localización de Tom tuvieron que retranquearse.

—Señora, mire a lo lejos, es imposible no verlo con esas botas —dijo uno de ellos mientras los demás se reían al compás.

Cambria agachó la cabeza mientras se le dibujaba una sonrisa nerviosa y se acercó hasta Tom, el cual apestaba a pescado. Sus botas eran tan grandes como un pez remo gigante; su pelo era castaño claro, tenía unos labios muy finos y una cara alargada, su barba estaba perfectamente recortada. Los *ferries* zarpaban, tres gaviotas revoloteaban encima de ellos. El sol creaba en el mar un reflejo de luz tenue y suave que invitaba a relajar tensiones a diferencia de la mente de Cambria, la cual era una montaña rusa de imágenes; pensaba en cómo conoció a Will, en la cara de Aron a dos centímetros de la suya, en el *Charlie* navegando por alta mar y en su hija, pero, sobre todo, en el calor de los rayos de sol que le hacían sudar acompañados de las risas de los marineros.

—Cambria, llevamos casi dos minutos mirándonos sin decir nada —se atrevió a decir Tom.

—Nunca pensé que tendría que recurrir a ti y pedirte un favor —dijo ella mientras aterrizaba de otra dimensión.

— ¿Solo uno? Le prometí a Will que cuidaría de ti.

—No vuelvas a mencionar a Will, ni a mí ni a mi hija, la cual busca trabajo y un autobusero le dijo

—Jhon el barbas. —Echó a reír—. Es un buen amigo. Dile a la niña que se pase cuando quiera.

—Tom, ni una palabra, te lo ruego. Sia aún no está preparada.

Se quedaron un rato mirándose a los ojos. Los dos esperaban que fuese el otro el que apartara la mirada o hiciese algún gesto. Ahora le tocaba a Tom asentir, decir algo, pero seguía callado, se había teletransportado a aquella época donde todo ocurrió. Estaba reviviendo aquel infierno. Su mente le estaba jugando una mala pasada. Muchos días en el barco en soledad, intentando no pensar, y ahora ella le había desmoronado la torre que tanto tiempo había tardado en construir de un soplido.

—Descuida. —Se marchó, pero muy despacio.

En aquel momento las botas le pesaban más que nunca.

DARÍO

Pasó la noche en la pensión de Grace. Un edificio antiguo de tejado negro y fachada blanca con pequeños relieves negros encima de las ventanas. Una arquitectura muy distinta a lo que estaba acostumbrado a ver en Italia. La habitación era sencilla.

El suelo era de moqueta color tierra, una cómoda cama con un cabezal de madera color roble y un cuadro encima de una mujer en dibujo paseando a su perro. A la izquierda de la cama, una ventana que daba a la calle. Estaba todo en silencio, se oían las moscas revolotear y a los mosquitos silbar, solo eso. El cuarto de baño era diminuto, lo compartían hombres y mujeres. Era una pensión pequeña, únicamente seis habitaciones. Se tumbó en la cama, cerró los ojos y se quedó dormido.

Casi no llega a escuchar el despertador, lo hizo gracias al pájaro carpintero que se acomodó en su ventana. Era su primer día y estaba muy nervioso. Tenía revuelto el estómago y no le apetecía comer nada, ni siquiera los bollos recién hechos que había preparado Grace. Se duchó y aseó, se echó gomina en el pelo y se vistió con su mejor atuendo. Las manos le goteaban de sudor. Cogió papel para ir secándoselas por el camino. Agarró su maletín y se marchó.

La escuela estaba a dos calles de la pensión. Solo tenía que girar a la izquierda, seguir recto y por último doblar a la derecha. Había llegado, estaba a punto de cumplir su sueño. El edificio era del siglo XIX, con las paredes de piedra blanca y ventanas cuadradas con rejas en cada una de ellas, tejado de color negro y una puerta tallada con un loro y un cuervo. Desde una de las diminutas ventanas, el señor Ruiz le observaba, le saludó tímidamente y subió.

—Queridos alumnos, hoy les quiero presentar a un nuevo compañero, Darío Conte, un artista italiano con mucho talento del que seguro aprendemos a la vez que él aprende de todos nosotros.

—Bienvenido —exclamaron los ocho alumnos restantes al unísono.

El profesor había cambiado el rol de padre para convertirse en un maestro compasivo y empático. Con su pelo repeinado, sus gafas que ocultaban esos grandes ojos, su largo bigote y sus casi dos metros de alto, delgado como una farola, quería que sus alumnos mirasen más allá del cuadro, que entrasen dentro de él a través de su mente y notasen cada pincelada como si fuese suya. «Si tu mente no es capaz de ver los pequeños detalles del cuadro y sellarlos como un sello en una carta, nunca aprenderás a pintar».

—Nos vamos a dejar la teoría por hoy. Coged el lienzo en blanco y vuestras pinturas, llegó el momento de ser libres —terminó de añadir.

SIA

Estaba muy emocionada. En cuanto su madre le dio la noticia, quiso empezar esa misma tarde. Las gaviotas volaban más alto que nunca y cantaban más fuerte. Le había contagiado su alegría al sol. Era principios de abril y los días no dejaban de estar pasados por agua, pero ese día era distinto, todo la acompañaba a su favor. Esperó unos diez minutos hasta que apareció Tom. Se lo había imaginado diferente, tal vez más bajo y regordete, pero era un hombre con la cara un poco arrugada, mirada cansada y manos grandes, bronceado de piel y pelo canoso propio de su edad.

—Sí que has sido puntual. —Le estrechó la mano—. Bienvenida. Pasa que te explique algunas cosas, no te quiero saturar el primer día.

Prestaba atención a la vez de que se quedaba maravillada. Tom realizaba excursiones en el velero y debía estar siempre en perfectas condiciones para disimular un poco su antigüedad. En el camarote había un pequeño rincón para sentarse y un baño tan estrecho como el pitorro de un botijo. No había nada que decorase esa parte, ni un cuadro, ni una foto, ni siquiera la típica ancla que sueles comprar cuando vas a una tienda de *souvenirs*.

—Tom, ¿crees que algún día podré salir contigo a navegar? —le dijo nada más que terminó de explicarle los escondrijos de aquel viejo velero.

—Una chica ambiciosa —exclamó mientras despejaba unos cuantos trastos de la cubierta—. Seguro que algún día. Por ahora, acércame ese cubo.

Acabó cansada, fue un primer día agotador y llegó a casa antes del anochecer como había planeado su madre. Cambria daba un concierto en Porth Trwyn, una playa de Holyhead que atraía a muchos turistas por la tranquilidad que aguardaba y por estar apenas sin urbanizar. Se puso su larga falda azul de volantes y un top blanco que le había cosido su madre hacía dos años y que todavía guardaba. Sacó su bicicleta aún con cesto en la parte delantera y se dirigió al concierto. Cuando llegó había mucha gente, vio a lo lejos a Anna y Aron que le hicieron una seña para que fuese a sentarse con ellos. Durante ese pequeño trayecto, alguien le tocó la espalda, se giró y vio la cara de su ángel de la guarda, su abuela.

— ¿Mery? ¿Qué haces aquí? —La abrazó con tanta fuerza que casi le rompe dos costillas.

—He venido a quedarme una pequeña temporada con vosotras. Vine anoche, pero preferí darte la sorpresa aquí, en el concierto. ¿No es genial? —Esta vez la abrazó con más ansia que la anterior.

DARÍO

Libertad.

Sus pinceles estaban sumamente cuidados, algunos de ellos recortados y perfectamente limpios. Darío cuidaba de una forma extraordinaria sus cosas. Los tubos de pintura estaban enrollados porque ya se había encargado él de arrastrar con la espátula toda la pintura posible para aprovecharla al máximo como si de un tubo de pasta de dientes se tratase. Quería pintar algo diferente, quería reflejar en el lienzo esa nueva sensación de gozo, pero a la vez de miedo. Por una parte, estaba feliz, radiante, y por otra, temeroso, como si no se pudiese creer que esa sensación y ese bienestar fuesen a durar mucho tiempo. Mezcló un par de colores, rojo y amarillo. De ese color cálido iba a ser la fruta del girasol. Más tarde pintó las semillas de color azul, un color frío. Darío sabía que el girasol no era ni por asomo de ese color en realidad, pero le daba igual, él quería pintarlo de esa forma. Un tallo de color blanco con hojas grises y una flor de color verde. No pintó el fondo, el futuro aún era incierto.

El profesor fue llamándolos de uno en uno para que enseñasen sus cuadros a los demás compañeros. Una mariposa negra con círculos blancos. Una casa en la montaña con verdes prados. Un boceto de un castillo pintado a lápiz. Un perro. Un bodegón con un queso, una salchicha y una botella de vino. Un fantasma deambulando en un bosque. Un barco en alta mar y la silueta de lo que parecía ser Marilyn Monroe. Todos los cuadros de sus compañeros eran fascinantes. Cuando llegó su turno y dio la vuelta al lienzo, todos quedaron asombrados. Era perfectamente imperfecto. Un simple girasol lleno de vida, ni siquiera tenía fondo, pero tu imaginación te llevaba a ponerlo en el sitio exacto que querías. Unos colores tan vivos, pero a la vez tan fríos que descolocaba la típica imagen de tu mente del girasol amarillo en una pradera. Estaba cuidadosamente pintado, como si pudieses tocarlo y sentir su flor, su tallo.

—Enhorabuena, Darío, nos has impresionado. ¿Te parece que dejemos tu cuadro aquí colgado? —Ernesto le señaló el sitio al lado de la pizarra donde quería ponerlo.

—Si no te importa, me gustaría llevármelo, aún no está acabado.

El profesor sonrió y le hizo un gesto amable para que volviese a su sitio a recoger sus cosas. La clase por hoy había terminado.

Salió de clase contento. Había sido un primer día intenso, pero le había gustado. Había encontrado su sitio, le encantaba la clase, el profesor, los amplios pasillos de la escuela con ventanas hasta el techo y jardines interiores y el ambiente tan puro y limpio que se respiraba.

—No tendrás queja del primer día; de estas clases prácticas hay pocas. —Parecía que esa voz femenina le hablaba a él—. Soy Glenda, encantada, he pintado el cuadro del perro.

—Encantado, un cuadro muy bonito —exclamó desprevenido.

—Nada comparado con el tuyo, a Ernesto le has dejado impresionado.

—Sí, bueno, gracias. En Italia es a lo único que me dedicaba.

—Mmm, así que italiano… Ven luego a Bodlondeb Park, solemos quedar algunos de clase a pintar, leer, tomar algo… Te espero sobre las cinco. —No dejó de saludar con la mano hasta que se montó en un coche y se marchó.

Llegó a la pensión. Grace le tenía preparado un estofado de cordero con verduras, un vaso de agua y dos rebanadas de pan. Estaba delicioso. Desde que su madre murió, nadie le había preparado algo de comer tan sabroso. Se terminó hasta la última miga de pan y se acostó en la cama. Se quedó pensando en lo bonito que era el pelo de Glenda, de un color tan rubio que tiraba a blanco, su piel blanca y sus ojos azules, tan simpática y extrovertida; desde luego que si no hubiese sido por ella nunca habría dado el paso de hacer amigos. Decidió ir al parque, necesitaba socializar un poco en aquella ciudad, aprovechar un poco los días soleados antes de que las nubes y los chubascos diesen la cara de nuevo.

2. AZUL CAPRI

BECA

Mi nombre es Rebeca, pero me llaman Beca. Soy de Altea, un pueblo de la costa mediterránea al sur de España. Acabo de cumplir veinticuatro años y trabajo como recepcionista en un hotel. Si tuviese que decir algo bonito de Altea no podría ser específica. Sus casas blancas, sus calles estrechas, empedradas, en las que la gente pasea abiertamente y los coches reniegan, las cuales tienen escalinatas que te hacen soñar con cada escalón que pisas y, aunque las subas jadeando, sabrás que habrá merecido la pena. El mar azul de fondo, y tres puertos en los que me podría pasar horas viendo a los pescadores, capitanes, tripulación y no me cansaría.

Tengo una hermana mayor que conoció a un argentino cuando él vino a España de vacaciones y con el cual se ha terminado casando. Le gustó tanto Buenos Aires que decidió quedarse una temporada y ahora ella y mi cuñado han abierto un pequeño restaurante a las afueras de la ciudad sin planes de regresar. Es precioso, tiene solo seis mesas, pero las tiene en una terraza con vistas a un pequeño lago. Ha puesto algunas luces de enredadera y por las noches parece que estás cenando con un montón de luciérnagas a tu alrededor.

Mis padres viajan mucho por trabajo, son comerciales y los veo de vez en cuando. Se asentaron en Milán, ya que su mayor número de clientes son italianos, así que vivo sola. Estoy reformando mi casa poco a poco. Quiero pintar las ventanas de azul turquesa. Es totalmente blanca por fuera y por dentro el suelo es de mármol. Tiene un pequeño patio trasero donde paso muchas horas, con una piscina lo suficientemente grande como para poder nadar.

El verano pasado me quedé a mitad de pintar un mural en una pared del patio frontal, pero decidí dejarlo hasta que llegase el verano siguiente. He pensado que las ventanas que dan a ese patio también podrían ser azul turquesa. Me encanta el turquesa, he leído que está relacionado con el amor, la calma, la intuición, la alegría y la lealtad.

La paz, la paz que me da sentarme en mi tumbona de color camel al lado de la piscina y leer un libro escuchando mi música favorita. La serenidad de la brisa del mar en la cara todas las mañanas. La protección de saber que, aunque esté sola la mayor del tiempo, me tengo a mí, mi mejor compañera de vida soy yo y con eso me es suficiente. Me encanta estar conmigo misma y mis pensamientos. Me gusta pensarlo todo, a veces me colapso un poco al pensar en el futuro, pero me calmo dándome un paseo o yendo al mirador. Me serena escuchar las olas cuando llegan a la orilla y simplemente saber que soy feliz.

Cuando salgo de trabajar me gusta ir al mirador de Santa Bárbara, disfruto de las vistas y el mar. Mi mejor amiga, Kika, ha estudiado Turismo igual que yo, pero ha encontrado trabajo en Madrid. Siempre decía que Altea se le quedaba pequeño. Quitando a Kika, los demás amigos que he podido tener siempre han sido turistas que se quedan alguna temporada y que me llaman solo para felicitarme por el año nuevo.

Hoy es el primer día de verano en Altea. Ha empezado el verano, ha empezado mi estación favorita del año. El sol de todos los días, el calor, los baños interminables en la playa, el subir llena de arena, el pegarme una ducha templada e irme con los compañeros del trabajo a tomar algo al chiringuito que hay al lado del mirador. Siempre digo que mi estado de ánimo no debería ir acompañado del tiempo, pero a veces inevitablemente es así.

Aquí el invierno es un poco solitario. Los turistas se marchan a sus ciudades, las casas alquiladas vuelven a tener el cartel puesto y el sol de las mañanas se vuelve niebla.

El hotel está en temporada alta. Este verano se prevé estar al noventa por ciento. Aprovecho para coger unos días de vacaciones cuando comienza, ya que después es imposible. Este año estoy aún pensando a dónde ir, he de cuadrar las fechas con Kika.

El año pasado fui de *camping*. Me reuní allí con Kika, lo pasamos bien, fue un viaje inolvidable.

MARK

Me llamo Mark. Acabo de cumplir veinticuatro años. Nací en Colombia. Terminé los estudios y junto con mi madre y mis dos hermanas nos mudamos a España. Mi padre lleva veintiún años en España. Se ha hecho un hueco en los corazones de la gente del pueblo, hace trabajos de jardinería y reforma viviendas.

Me encargo de pintar todas las casas que él termina de reformar. Me han ofrecido trabajo varias empresas de la zona, pero prefiero seguir ayudándole hasta que él pueda encontrar a alguien de confianza. Mi padre ha trabajado tanto que se ha comprado un terreno a las afueras del pueblo, donde vamos a hacer barbacoas los fines de semana e incluso tenemos en mente construir una casa cuando nos sobre un poco de tiempo.

La familia podría definirse como ese vínculo que se crea con las personas más cercanas a tu alrededor, con quienes puedes contar independientemente de la situación sin temor al rechazo; es por esto que hay amigos que pasan a ser tu familia; incluso el perro pitbull que me esperaba con ansias todos los días al llegar a casa para salir a pasear y descargar todo ese estrés que se reunía durante el día pasa a ser tu familia. Él y muchas personas han quedado allí, el lugar donde aprendí a ser quien soy, donde había sueños y anhelos por cumplir; el lugar donde tomé valentía y fuerzas para dejar atrás lo que había forjado durante toda mi vida y emprender un viaje que me llevaría a un destino desconocido para mí, con una nueva cultura, nuevas formas de ver la vida, incluso, aunque el idioma es el mismo, en ocasiones cuesta hacerse entender con lo que quieres decir. Fueron muchos sentimientos y preguntas que me invadieron al momento de marchar, la melancolía al pensar en amigos, costumbres, recuerdos, el miedo a equivocarse, me plantean cuestionamientos como ¿En verdad es lo que quiero hacer? ¿Qué sucederá con el tiempo y esfuerzo de mis estudios universitarios? ¿Seré capaz de aguantar el estar lejos de todo a lo que he estado acostumbrado?…

Soy un apasionado de las motos. Quiero ahorrar y comprarme una con la que recorrer toda la costa mediterránea. La brisa del viento cuando vas en moto, la sensación de libertad, las vistas y la velocidad, es algo indescriptible. Salía con amigos y familiares a visitar diferentes pueblos de la región y al poseer un clima tan variado y, al haber tan cortas distancias entre un sitio y otro, no era necesario tener una moto de tan alto cilindraje. La primera moto que tuve me la regaló mi abuela en Colombia, recuerdo que era de color rojo y llevaba una pegatina de un superhéroe de color amarillo. Cada vez que escuchaba el rugir del motor sabía que ese día iba a descubrir un nuevo lugar; ahora, cada vez que huelo a gasolina me acuerdo de ella. Finalmente se rompió (de tanto usarla supongo) y la guardaron en el trastero para siempre. Tal vez si a mis hermanas les hubiese gustado la hubiese intentado arreglar. Creo que cuando algo llega a su fin es porque hay que renovarlo. Pasa igual con las personas, no se puede forzar algo que se ha roto y ves que no tiene arreglo; hay veces que se puede reparar, y puedes pensar que volverá a estar como antes, pero creo que algo que se rompe nunca llega a estar al cien por cien, aunque se arregle.

El verano pasado decidimos ir a pasar unos días a un *camping*. No sabía lo que era disfrutar de unas vacaciones hasta que conocí a Rosa. Salíamos juntos desde hacía dos meses. Era mi vecina. Me dejó una carta en el buzón con su número y empezamos a hablar. Era una chica noble, con el pelo negro azabache muy largo, le llegaba por debajo de la cintura. Le gustaba divertirse, nos veíamos poco por mi trabajo, pero cuando nos veíamos lo pasamos muy bien, paseamos, tomamos algo Allí en Colombia no tuve relaciones, ayudaba a mi madre con mis dos hermanas pequeñas e intentaba acabar los estudios lo antes posible para poder marcharnos.

Rosa nació en otra región de Colombia, pero también se mudó al pueblo cuando era pequeña con su padre y su hermano. Su madre murió cuando ella tenía cinco años. Por aquel entonces, ella trabajaba en una fábrica del pueblo, llevaba desde los dieciocho años trabajando y tenía veintisiete, era cuatro años mayor que yo, pero su piel tersa y cuidada le hacían parecer más joven. Había ahorrado bastante en todo ese tiempo de trabajo, vivía con su padre y había tenido pareja a la cual había dejado seis meses antes de conocerme a mí.

ESPAÑA, JUNIO 1993

BECA

Kika es tan espontánea. Su aire despiadado como si no le importase nada. Su pelo rubio rizado alocado con su diadema roja y su sonrisa pícara que le hacen parecer una chica dura.

— ¿Cómo es posible que vengas tan maquillada y con esa falda tan ajustada a un *camping*?

A Kika le encanta la moda, creo que llevaba en su coche más revistas que puede tener un kiosco.

— ¿Y tú tan sosa? Nada de camisetas blancas básicas y pantalones rotos, ya te lo dije. Anda, pero ven, dame un abrazo, que estamos de vacaciones. —Me cogió y me levantó en peso alborotada y efusiva.

Efectivamente no nos quedamos en una tienda de campaña porque Kika no hubiese podido soportarlo, así que alquilamos una pequeña caseta rural al sur del *camping*, justo al lado de la piscina.

— ¿Bañador blanco también? —me dijo riéndose.

—No todas tenemos tu *glamour* —le contesté haciéndole muecas.

—Le he cosido yo misma las lentejuelas. Por cierto, mira estas perlas de la espalda. —Se dio la vuelta como si fuese un maniquí.

Le quedaba como un guante. Nunca entendí por qué no decidió estudiar Diseño.

Estábamos como locas por ir a la piscina, hacía un calor tremendo y necesitábamos refrescarnos. Recuerdo a una pareja de enamorados sentados en el borde de la piscina sin llegar a meterse. Me giré dando una vuelta tonta simplemente para observar lo que había a mi alrededor cuando me percaté de que al chico se le cayó algo. Me encontraba cerca, así que fui a por él, buceé y lo rescaté.

—*Voilá* —exclamé. Era un anillo.

Me sonrió de manera amable. Llevaba un *piercing* en la nariz de color negro y un tatuaje de un perro. Se podría decir que iba al gimnasio todos los días, puesto que tenía unos músculos marcados. Su pelo era castaño y lo llevaba alborotado. Me llamaron la atención sus ojos tan oscuros. Enseguida quité la mirada cuando se lo di.

—Muchas gracias —susurró con acento extranjero, sin poder llegar a descifrar de dónde era.

—Beca, ven, que se enfrían los refrescos —me gritó Kika haciendo gestos con la mano.

Le devolví las de nada con una sonrisa y volví con Kika.

—¿Te has puesto nerviosa? —me dijo soltando una carcajada.

—¿Nerviosa? Faltaría más.

—Parecía una escena romántica, como en la película de *El paciente inglés.* —Miraba al cielo embobada, como si estuviera sintiendo la escena en su propia piel—. Oh, Beca, tú serías la enfermera.

—Kika, eres demasiado fantasiosa, además, espero que su novia no se haya molestado —exclamé mientras le pegaba un sorbo al refresco.

MARK

Nunca había planeado un viaje sabiendo que cuando llegase a mi destino el plan iba a ser disfrutar. Esas mini vacaciones para mí eran especiales, las primeras que iba a vivir y encima acompañado de mi novia. Mentiría si no dijese que me gustaría haber ido con mis padres por primera vez, pero la vida te pone en el camino oportunidades y personas a las que no puedes dejar escapar.

— ¿Estás bien? —me preguntó Rosa.

—Sí, solo estoy emocionado.

Fuimos con su hermano, Macius, el cual era carpintero, bastante goterero y una cabeza loca con las mujeres. Nunca le hemos conocido novia formal y tampoco teníamos fe en conocerla. Entre Macius y yo montamos las tiendas de campaña, una para cada uno, aunque las pusimos una pegada a la otra. El paisaje era muy bonito, a lo lejos había un pequeño lago donde solo la gente que soportaba el agua helada se bañaba.

Yo, sin embargo, me consideraba distinto a Macius. Acababa de trabajar y me iba con Rosa a pasear. Nos cogíamos de la mano y recorríamos las calles del pueblo. Tenía carnet de conducir, pero no coche. Estaba ahorrando para comprarme una moto, aunque a Rosa no le hacía gracia, ya que le daba miedo.

— ¿Te parece si vamos a la piscina? ¿Te gusta mi bikini nuevo? —me dijo cogiéndome la barbilla hasta darme un beso.

— ¡Guau! —le respondí dándole un beso en la mejilla.

Rosa era bajita, con anchas caderas y ojos grandes de color café.

Bajamos a la piscina, tomamos un poco el sol y nos sentamos en el borde. Disfrutamos viendo a la gente nadar, a los padres lanzar a sus hijos por los aires, a amigas hablando y riéndose y a abuelos preparando la nevera para merendar.

Rosa me regaló un anillo por mi cumpleaños con nuestras iniciales, éramos muy atentos el uno con el otro y nos gustaba regalarnos cosas que dejasen huella en la relación. Estaba jugando con él cuando, sin querer, se me cayó al agua. Iba a tirarme a la piscina cuando de repente una chica que ya estaba dentro se acercó deprisa a por él. Sus ojos eran de color verde y su cabello de un castaño claro, tenía pecas en la cara y una sonrisa encantadora. Me lo devolvió, le di las gracias y se marchó.

BECA

Brindamos cenando. Sacamos una pequeña mesa de madera que había dentro de la cabaña y cenamos con las increíbles vistas al lago. Se escuchaba a gente reír y solo había algunos momentos de silencio donde los grillos y búhos cantaban sus serenatas.

—Venga, Beca, porfa, vamos a dar una vuelta al menos por la zona de la piscina, solo será un rato, te lo prometo —me decía Kika con cara de no haber roto un plato en su vida.

—Bueno, pero solo un rato, estoy agotada.

Sonaba «Knockin´on heaven´s door» en ese momento. La gente se agrupaba en una pequeña zona al lado de la piscina donde sacaban sus mesas y sillas y simplemente bailaban y reían escuchando música. En ese momento, algunas mesas murmuraban y otras estaban en silencio, saboreando las bebidas y admirando las luces que caían de los árboles y combinaban con el alumbrado de la piscina de color violeta.

En una de las mesas estaba la pareja del anillo junto con otro chico. Este era muy alto, llamaba la atención por su mirada profunda, su frondosa barba y sus ojos verdes; llevaba el pelo muy corto e iba vestido con una camisa naranja con palmeras dibujadas que llamaba la atención.

A lo lejos se podía vislumbrar el lago. Olía a verano. Era una de esas noches donde agradeces a la vida por haberte dado la oportunidad de existir, de poder saborear las pequeñas cosas que, por lo menos a mí, me hacen feliz. No habían pasado más de veinte minutos cuando el chico de ojos azules se acercó a nuestra mesa.

— ¿Qué tal si se unen a nosotros?

No tenía pelos en la lengua, me recordó a Kika cuando me dijo si quería ser su amiga hace como unos doce años.

—Qué grosero por mi parte no decir mi nombre, me llamo Macius, un gusto —exclamó mientras masticaba chicle y le pegaba un sorbo a la bebida que llevaba en las manos.

— ¡Claro! —dijo Kika.

La miré como cuando miras a alguien con mirada asesina. Estaba tan a gusto que no me apetecía darle conversación a nadie y menos a unos desconocidos.

—Así me gusta, gente con entusiasmo.

Nos sentamos en la mesa con la pareja y el tal Macius. Nos presentamos. Sorbo, sonrisa. Sorbo, sonrisa. Todos estábamos callados hasta que el tal Macius preguntó:

—¿De dónde son ustedes?

—Altea —respondimos al unísono Kika y yo.

—¡Carajo! Pero no me digan que ustedes son de ese bonito lugar.

—¿Y vosotros? —exclamó Kika.

—Somos de Colombia. —Una risa pícara apareció en su rostro.

—Señorita, ¿qué tal si bailamos?

Kika se sonrojó al escuchar sus palabras, pero no dudó en levantarse e ir a bailar con Macius.

Ahí me quedé yo, sentada sin saber qué decir, sujetando una gran vela y sonriendo como el que no quiere la cosa.

MARK

Hicimos una pequeña barbacoa. Después de cenar, Macius estaba como loco por ir a la zona de la piscina a tomar el postre y beber el famoso licor que había preparado. Cuando estábamos con Macius no nos aburríamos, siempre invitaba a alguien a sentarse con nosotros, se ponía a contar algún chiste de los suyos o hacía preguntas incómodas que te ponían en alerta y te cabreaban, aunque luego se reía con esa risa tan contagiosa que hasta te lo pasabas bien.

El *Sobraito* estaba muy sabroso, hecho de licor Palo, bebida *bitter* y corteza de naranja; al tomarlo noté el sabor fuerte a canela.

—Animemos esta fiesta, hombre —dijo Macius levantándose de la silla.

Rosa y yo nos miramos, estábamos tan acostumbrados a que hiciera de las suyas que no nos extrañaba nada viniendo de él.

—Este hermanito mío siempre tiene que andar a por las mujeres —me dijo Rosa mientras lo miraba mientras se marchaba.

Macius trajo compañía. Al girar la cabeza, me percaté de que eran las chicas de la piscina, la que me había dado el anillo cuando justo se me resbaló sin querer.

— ¿Usted fue la chica que le cogió el anillo a Mark? Un gusto —le dijo Rosa a la chica de las pecas, mientras que ella asentía con la cabeza.

—Igualmente, yo soy Beca.

Su amiga también se presentó.

A partir de ahí fue todo un poco incómodo, no había mucha conversación. Macius preguntó de dónde eran por sacar algún tema y, acto seguido, invitó a bailar a Kika, que a decir verdad era lo que más estaba deseando. Era el tipo de chica en el que se solía fijar mi cuñado, rubia, de ojos azules como él, de estatura media, delgada, tenía una piel blanca como la nieve y llevaba un vestido que llamaba la atención por su colorido fucsia.

— ¿Tienes novio? —le preguntó Rosa a Beca, por decir algo, ya que era la única a la que le salía la voz por lo visto y ya de paso enmascaraba sus celos.

—No, je, je. Bueno…, voy a pasear, ha sido un placer conoceros —exclamó mientras cogía su bolso y se levantaba.

Casi tropieza de lo nerviosa que se puso. Noté como sus mejillas se tornaban de un rojo fuego.

—Igualmente —respondimos al unísono.

Rosa y yo también nos levantamos y nos pusimos a bailar la música de Willy Rivera que habían puesto especialmente para nosotros.

BECA

En cuanto pude me levanté y me despedí. Era uno de esos momentos en los que me apetecía pensar o simplemente hacer una hoguera y comer nubes mientras admiraba el fuego Le hice un gesto a Kika como que me marchaba.

— ¿Ya? —me susurró.

—Voy a pasear, luego nos vemos —le dije al oído.

Dijo un «vale», que pude descifrar al leerle los labios. Acto seguido, apoyó la cabeza en el hombro de Macius.

Decidí pasear por el lago. Había gente admirando el cielo con prismáticos. Eran las once menos veinte de la noche y corría una brisa que sonaba como si unos violines te acariciasen el alma. Me senté en el muelle y me quedé mirando a un padre que enseñaba a su hijo cada una de las constelaciones. Nunca pensé que se podía aprender astronomía en un *camping*, aunque más tarde me daría cuenta de que en un *camping* se puede aprender de casi todo.

3. AZUL ROYAL

SIA

Tener de nuevo a Mery con ella era un regalo. Echaba de menos sus largas charlas contándole la misma historia, no le importaba que la repitiese miles de veces porque sabía lo importante que era para su abuela recordar los momentos donde fue feliz o que simplemente marcaron su vida de alguna forma. Contando sus batallas, Mery recordaba a sus antepasados y rememoraba el amor que brindó y le brindaron.

—Abuela, tengo tanto que contarte… —le susurró cogiéndole las manos.

—Tengo todo el tiempo del mundo, ahora sí que lo tengo , pero primero creo que tu madre se merece que la escuchemos —le dijo al oído.

Cambria terminó de tocar y todo el mundo se levantó a aplaudir. Había algo en su música que cautivaba a todos. Era una gran artista, algunas canciones las tocaba tan rápido que parecía que se iba a acabar el mundo en cuanto presionase la última tecla, pero también tenía el don de tocar canciones lentas y melódicas que llegaban a dormir hasta a algunos niños del placer que se sentía al escucharlas.

Al llegar a casa todo fueron sonrisas. Mery terminó de organizar sus cosas en la habitación de invitados mientras elogiaba a su hija por los buenos conciertos que daba. Sia merodeaba por toda la casa contenta de tener a su angelito de la guarda con ella y un apoyo fundamental en ese momento en el que los cambios en su vida estaban floreciendo. Cambria solo se dedicaba a observar y a dar gracias por tener a las dos personas que más quería con ella en ese momento.

DARÍO

Bodlondeb Park era bonito. Lo caracterizaba un pequeño lago al fondo con margaritas que inundaban sus verdes prados en los que la gente se sentaba con sus amigos a charlar, leer o hacer pícnics. Desde la pequeña colina en la que se encontraban sus compañeros se veía el castillo, una fortaleza tan grande como para albergar a un millón de artistas, pensaba.

— ¡Has venido! ¡Cuánto me alegro! Te presento a Jonas y Lynette —exclamó Glenda nada más verle.

—Eso parece, que he venido —dijo sin que nadie llegase a escucharlo—. Encantado de conoceros —respondió con una pequeña sonrisa ante la efusividad de aquella chica copo de nieve.

Glenda llevaba la voz cantante en el grupo. Sacaba tema de conversación en cuanto preveía algún silencio incómodo (para ella), porque para Darío nunca era incómodo el silencio. Llevó un pastel que había hecho su madre, la cual averiguó Darío que era la señora que había ido a recogerla a la escuela. Todos lo comieron sin dejar rastro, por lo que Darío percibió ya estaban acostumbrados al sabor, pero para él era tan fuerte que no pudo pegarle más de dos mordiscos.

—Contiene carne de ternera, verduras y salsa gravy, nada que te vaya a poder intoxicar —exclamó Glenda con un poco de retintín, ya que quería haberlo impresionado y por lo visto no lo consiguió.

—No está acostumbrado, en su país la comida es diferente — le dijo Jonas, un chico aparentemente bondadoso, con gafas de culo de vaso y pelo rubio repeinado, cuyos pantalones tenía que abrocharse con un cinturón al que le habrían hecho más agujeros de los que llevaba para que no se le cayesen.

—Comemos pasta y *pizza* casi a todas horas. Suelo cocinar para mí solo, al fin y al cabo, no tengo padres ni nadie que me pueda cocinar, así que las comidas que me hago son muy suaves y ligeras. Me pasaba el día en la calle pintando y no tenía mucho tiempo para recrearme en la cocina —les explicó Darío, aunque las caras de todos ellos cambiaran al enterarse de que era huérfano.

—Entonces, ¿dónde vivirás? —le preguntó Lynette, una chica cuya forma de vestir no se podía encasillar en ningún estilo.

Cuando la vio por la mañana, iba entera de blanco y ahora vestía entera de negro. Su pelo era corto y llevaba dos extensiones de color azul y rosa. Tenía una actitud pasota y fumaba mucho.

—De momento estoy en la pensión de Grace. Lo que ahorré solo me da para eso, pero, mientras, intentaré buscar algún trabajo por aquí.

—Te puedes quedar en mi casa si quieres. Mi hermano se independizó el año pasado, vivo sola con mi madre.

Glenda estaba entusiasmada con la llegada del nuevo compañero, lo que no quería Darío es que ese entusiasmo le crease algún tipo de confusión.

—Gracias, Glenda, pero de momento me quedaré así.

Ella cambió de tema rápidamente.

SIA

Los días para Sia estaban siendo un poco repetitivos, siempre limpiaba la misma zona, veía las mismas caras en el puerto y hacía lo mismo a cada hora de diferentes días. Al fin y al cabo, era la vida que había elegido y sabía el sacrificio que iba a suponer hasta alcanzar lo que ella quería. Cuando llegaba de trabajar se pegaba un baño, salía al pequeño jardín exterior de su casa y cenaba en compañía de su abuela.

Estaban cenando cuando el GPO 746 de color rojo sonó con su diseño de disco para marcar y cable espiral, que fue diseñado en Gran Bretaña y al que tenían anclado a la pared.

— ¿Quién era, abuela? —preguntó Sia en cuanto Mery colgó el teléfono y se acercó después de hablar durante más de treinta minutos.

—Una persona especial que conocí hace poco.

—Pero ¿y el abuelo?

—Oh, Sia, por Dios, no pienses mal... Nada que ver con eso... Podría ser su abuela , tal vez puedas conocerlo algún día.

La conversación acabó ahí, ambas se quedaron observando el firmamento, escuchando el sonido de las olas y bebiendo té de menta hasta que Sia se quedó dormida. En sueños gritaba el nombre de su padre. Estaba temblando cuando Mery intentó despertarla.

—Querida, menudo susto me has dado. ¿Estás bien? Debe haber sido el té, no debes tomarlo por la noche, puede alterarte y hacer que tengas esas pesadillas.

—Estoy bien, abuela... Perdona, debe ser cansancio, me voy a la cama.

—Descansa —le dijo acariciándole el pelo.

Sia se dirigía a su habitación cuando dio la vuelta para preguntarle algo a su abuela que la intrigaba demasiado como para volver a la cama.

—Mery, ¿cómo es posible que vea a mi padre en sueños si nunca llegué a conocerlo? Lo veo reír, feliz, está en el barco disfrutando de la brisa cuando de repente aparece una tormenta y una ola lo tira al mar, alguien intenta rescatarlo, pero cae también, ambos mueren y yo estoy mirando todo lo que ocurre desde el camarote; veo su mirada atemorizada cuando cae y no puedo hacer nada por él.

—Mi niña, ven, siéntate, te contaré algo. Hace casi diecisiete años, tu madre vino un día muy nerviosa, yo estaba en la tienda atendiendo a unos clientes cuando comprobé que algo no iba bien. Los atendí y entré a ver qué le pasaba. Tu madre me confesó que hacía meses que se veía con un hombre, Will, este era timonel en un velero y llevaba años surcando los mares y transportando mercancías con rutas a Dublín y, hasta donde sabía, Irlanda. Cambria me dijo que estaba muy enamorada y que se había quedado embarazada. No llegamos a conocer a Will como me hubiese gustado, siempre estaba trabajando y navegando, solo lo vi una vez. Recuerdo que iba a cerrar la tienda cuando vi que un hombre le abría la puerta ayudándola a bajar del coche, me acerqué y lo saludé. Era un hombre alto con piel de niño, no tenía barba y su pelo se rizaba en forma de escarola, los ojos se le achinaban al reír. Estuve dialogando con él sobre dónde iban a vivir y me dijo que lo tenía todo planeado y que no debía preocuparme por nada.

»Pocos meses antes de que tú nacieses, Cambria vino desconsolada, nunca la había visto así. No era ella, estaba blanca como el papel y lloraba y lloraba; no podía sostenerla. El abuelo se acercó alarmado y la llevamos al hospital. Cuando se estabilizó, nos confesó que Will había muerto a causa de una gripe, la de Hong Kong para ser exactos, no pudo ir a despedirlo porque no pudieron trasladarlo hasta aquí. Del ataque que sufrió se tuvo que quedar ingresada hasta que tú naciste. Ni el abuelo ni yo nos movimos de su lado.

— ¿En qué país enterraron a mi padre, abuela?

Las lágrimas caían y solo suspiraba.

—No lo sé, eso debes preguntárselo a ella.

—Ella nunca habla del tema —dijo enfurecida marchándose a su habitación.

Sia se acostó en su cama, estaba hecha un mar de dudas, pero esa noche no podía solucionar nada. Finalmente se quedó dormida.

DARÍO

De camino a la pensión se topó con una cabina telefónica, se echó mano a su cartera y vio el número apuntado de Mery. Se sentía solo y decidió llamarla para ver qué tal estaba.

—Hola, Mery, soy Darío, ¿te acuerdas de mí? —exclamó con la voz temblorosa.

—Pero bueno, Darío, qué gusto me da escucharte. ¿Cómo te va todo? ¿Te adaptas bien?

Fue una conversación larga, él le contó cómo había sido su primer día, la relación con sus nuevos compañeros y lo mucho que había entusiasmado su cuadro al profesor. Ella le respondió contándole lo bien que tocaba su hija el piano, lo orgullosa que estaba de ella y la preocupación que sentía por su nieta.

—Esta niña es muy impulsiva y temo que se meta en líos, se empecina en alguna cosa y no para hasta que lo consigue… Se ha puesto a trabajar, mira tú que si ahora no estudia con el trabajo que le está costando a su madre.

—Si sale a su abuela, seguro que puede hacer las dos cosas a la vez —intentaba consolarla.

—Qué encanto eres Espero que puedas pasarte algún día y conocer Holyhead. —No quería colgar, pero se estaba haciendo tarde—. Llámame siempre que quieras.

—Hasta otro día, Mery. —Colgó el teléfono de la cabina y salió, había gente esperando.

Cuando llegó a la pensión, el profesor lo esperaba en la puerta.

—Hola, don Ernesto, no te esperaba —le dijo Darío asombrado por ver al profesor.

—Quiero proponerte algo. ¿Nos tomamos un café?

El profesor no andaba con rodeos, era una persona directa que siempre iba al grano. Apreciaba su tiempo como si fuese oro y no le gustaba dar cien mil vueltas para decirte algo que acababa diciendo con un tono misterioso como si estuvieses viviendo en una película y él fuese el actor principal.

El café de Grace era el mejor que había probado nunca, lo servía con galletas y unas pequeñas magdalenas de chocolate. Se sentaron en el pequeño salón de la pensión donde había cuatro mesas y un sofá de piel. Estaba todo muy limpio, las paredes lucían con un papel pintado de flores y jarrones con rosas frescas adornaban cada una de las mesas. Al fondo había una chimenea y una lámpara que llamaba la atención por su grandeza y las perlas que colgaban de ella.

—Intuyo que te será complicado adaptarte. Vives en una pensión, un país diferente, comida diferente, gente diferente e incluso clima diferente. —El profesor pegaba pequeños sorbos al café mientras se comía una magdalena.

—De momento estoy bien, he ido a un parque con Glenda, Jonas y Lynette. La comida de Grace me gusta y me quedaré aquí mientras me sale algún trabajo.

—De eso mismo quería hablarte. Tienes talento, tengo un montón de trabajo que hacer y varios campos de investigación abiertos. Queremos hacer una pequeña sala donde los alumnos puedan pintar fuera del horario lectivo, quiero que seas tú el encargado, que la organices a tu gusto y ayudes a los alumnos que puedan necesitarlo, todo esto si te parece bien, claro.

Dicho esto, el profesor prosiguió dando un mordisco a su magdalena.

—Me parece estupendo, no sé cómo voy a poder agradecerle todo esto, don Ernesto.

—Puedes empezar llamándome solo Ernesto o profesor —le contestó entre risas—. Mañana nos vemos.

El profesor se levantó como si acabase de hacer el trato del año, le pagó a Grace la merienda y se marchó.

4. AZUL MAYA

BECA

Cuando desperté, me percaté de que Kika no estaba en la habitación; intuí que había dormido con ese tal Macius. Desayuné y me puse el bañador para ir al lago. Cuando llegué, los vi sentados en el muelle; había jaleo y un grupo de personas estaban alrededor de alguien. Kika me vio a lo lejos y me hizo un gesto con la mano para que fuese, me cogió del brazo y me apartó a un pequeño arbolado que había cerca del lago.

—No te vas a creer lo que ha pasado. Hubo una pelea. Rosa se encontró con su exnovio y este vio a Mark y le pegó, lo que ha desembocado en una discusión monumental. Mark le devolvió el golpe con una bofetada y empezaron a pelear y con los enormes brazos de Mark y el cuerpo tan chiquito de ese tal Julián, lo dejó tumbado. Vino la ambulancia a llevárselo al hospital, pero es que no sabes lo peor… —Kika era una locomotora, se trababa e incluso llegaba a tartamudear de lo rápido que iban las palabras en su cabeza y lo mucho que tardaban en salir por su boca.

—Espera, Kika, vas muy deprisa, habla más despacio. ¿Dónde has dormido esta noche?

—¿En serio te importa eso? Te digo que Mark está herido y que Rosa ha decidido irse con Julián, su exnovio, al hospital. En otras palabras, a ver si te enteras, Rosa ha preferido a Julián, que fue incluso el que propició la pelea Macius no da crédito a lo que ha hecho su hermana y se va a quedar unos días con Mark aquí hasta que se calme todo —exclamó tragando saliva y respirando fuerte para poder seguir hablando—. He dormido con Macius, ¿contenta? Esto ha pasado mientras desayunábamos, sobre las once de la mañana; como te levantas tan tarde no te enteras de nada.

—Vaya, pues lo siento por ellos —le respondí.

—No sé para qué te cuento nada, no te inmutas. Vamos con ellos, hemos de consolar a Mark. —Me cogió del brazo y me tiró hacia donde se encontraban.

En el momento en que llegamos, el cúmulo de gente se había dispersado y solo estaban Mark y Macius en el lago, ambos sentados con las piernas colgadas del muelle, mientras que Macius le echaba la mano por la espalda a su cuñado. Nos sentamos al lado de ellos. Hacía mal tiempo, ese día el sol estaba escondido y mira que era raro en esa temporada, pero acompañaba a las circunstancias. Estábamos callados mirando como los cisnes paseaban con sus crías en fila india y las gaviotas nos sobrevolaban con sus graznidos.

—Quién fuese cisne —exclamé.

Todos me miraron y rieron.

MARK

Después del baile nos retiramos a dormir. Kika se vino con Macius y durmieron en su tienda de campaña. Yo dormí solo en una y Rosa en otra. Descansé mejor que ninguna otra noche. Se escuchaba el sonido de los búhos y de otros animales que no logré distinguir. La calma de la noche y la tranquilidad de la zona te hacían tener un sueño de lo más profundo, recuerdo que hasta me tuve que tapar con el saco de la brisa que corría.

Cuando nos despertamos, fuimos a otra zona diferente del *camping* donde había un pequeño puesto, más bien era una caravana con un gran ventanal donde vendían todo tipo de bollería, magdalenas, *croissants*, batidos e incluso tartas.

Quiero recordar los detalles con exactitud, pero mi mente los ha borrado. Rosa pidió el desayuno y vino con la cara un poco descolocada hasta el lugar donde estábamos sentados, le pregunté qué le ocurría y me soltó:

—Me ha atendido Julián, por lo visto se ha comprado esa caravana y ahora sirve comida junto a su madre.

Yo sabía perfectamente quién era Julián, y su cara pálida me lo confirmaba.

—Tranquila, iremos a otro lugar para que no te sientas incómoda —exclamé con mi mejor intención.

Me levanté y al girarme vi la cara de Julián a un centímetro de la mía. Me propinó un duro golpe en el estómago, pero me recompuse y le solté otro en la jeta , y así empezamos a pegarnos sin parar. Saqué las fuerzas que ya no me quedaban para seguir pegándole; no era propio de mí esa actitud, no sabía por qué estaba haciendo eso, pero no podía estarme quieto. Él me buscó. Debía defenderme antes de que él siguiera haciéndome daño. Lo tumbé, la gente gritaba y Macius intentaba pararme sin conseguirlo. Al poco tiempo vino la ambulancia y se lo llevó. Rosa se montó con él sin pensarlo. La madre de Julián salió de la caravana llorando y se fue con él también. Se me vino el mundo encima. ¿Qué había pasado? Estaba aturdido y necesitaba un respiro, corrí hasta el muelle, pero me caí y un grupo de gente me ayudó a levantar.

Tal vez me pasé, pero él me propinó los primeros golpes a mí, podía haber sido yo el que se hubiese montado en esa ambulancia. No entiendo por qué Rosa se fue y me dejó con la cara magullada y echando sangre por la boca.

Macius me agarró por la cintura, me echó agua por la cara y trajo un botiquín para curarme la herida. Nos sentamos al fondo del muelle, casi que tocábamos el lago con los pies, nos quedamos callados mirando al cielo. Al poco tiempo vino Kika con Beca.

Reconozco que reía sin ganas, en ese momento solo pensaba en lo que había pasado, no daba crédito. Se suponía que iban a ser unas vacaciones perfectas, y no sé si me dolía más que esas expectativas se hubiesen esfumado como el humo de un cigarrillo o las heridas de mi cara.

—Me marcho a descansar después de este tropel —les dije mientras me levantaba tocándome el estómago del dolor que sentía.

—Te acompaño, tranquilo, seguro ese chico iba prendido —exclamó Macius—. Luego nos vemos, chicas.

No sabía qué decirle a Macius, al final de cuentas era su hermana, y si había tomado esa decisión es porque así lo había sentido. Si algo había aprendido es que no puedes esperar que los demás hagan lo que tú quieres que hagan, cada uno toma sus propias decisiones que guían su destino; no se puede juzgar ni tampoco esperar, porque esperar desespera y al final la vida es eso que pasa mientras empleas tu tiempo en otras cosas.

—Macius, no te juzgo, es tu hermana. Estoy dolido, no te lo puedo negar, pero nunca, y cuando digo nunca es nunca, la voy a juzgar. —Le tenía cogido el hombro con una mano.

—Esta hermana mía ¿en qué estará pensando? Se ha vuelto loca de remate… Al menos quédate conmigo estos días, cuando ella vuelva, ya veremos qué ocurre. —Macius se echaba las manos a la cabeza como si se tratase de una pesadilla.

—No creo que vuelva y tampoco lo espero, todo esto pasará y tú y yo no perderemos la relación, te lo prometo.

Nos dimos un fuerte abrazo, estaba un poco loco, pero empatizaba mucho conmigo y es por ello que le estaba enormemente agradecido.

BECA

Mark y Macius se marcharon y Kika y yo nos tiramos todo el día tomando el sol y leyendo revistas de moda. Kika me enseñó sus atuendos, la mayoría hechos a medida. Doblaba la ropa que ella tiraba encima de la cama cuando me percaté de un nagajuban de color rojo con estampado floral. Acto seguido, me tiró un kimono de gasa de seda negro con unas mangas que llegaban hasta el suelo y un cinturón de color rojo y dorado.

—Esta noche hay fiesta de disfraces —me dijo al verme coger todo ese atuendo.

Me eché a reír.

—No sé qué te hace tanta gracia, ¿no has visto el cartel del tablón? Casi que hemos venido por eso, todo el mundo lo comenta, esa fiesta ya es patrimonio cultural del *camping*.

—Ah, ¿qué hay un tablón también? —No paraba de reírme, yo no había traído nada, solo había pensado en descansar, tomar el sol, bañarme en la piscina y reponer fuerzas para las largas jornadas de trabajo que me esperaban cuando se acabaran las vacaciones.

—No se me ha presentado una amiga tan sosa nunca ¿No has traído nada? Menos mal que tu amiga Kika ya te conoce y está en todo, mira en aquella bolsa de allí.

— ¿Un disfraz de india?

—Pocahontas. Tu película favorita, ¿no?

Ambas reímos tumbadas en la cama.

Tardé casi una hora en ayudar a Kika a arreglarse. Yo, sin embargo, lo hice en dos minutos. Me puse el top y la falda y me solté el pelo, el cual llevaba casi por encima de la cintura. Le quité el pintalabios rojo y me hice dos rayas a cada lado de la cara. Un disfraz cómodo, muy de mi estilo. Ella iba embutida, con un moño bien alto y maquillada como una puerta, pero lo disfrutaba como nadie y a mí verla así me hacía feliz.

La fiesta se hizo en la piscina. El entorno estaba súper bonito decorado, muy romántico. Había velas por todos lados, una hoguera en medio, y las sillas y mesas estaban pintadas de color lila. La gente llevaba su comida preparada. Nosotras decidimos comprarla en una pequeña tienda que había a las afueras del *camping*. Todos disfrazados. Un matrimonio vestido de rey y reina con sus cuatro niños de dragones; una abuela de Mary Poppins y su marido de Jack Sparrow; dos mujeres de mediana edad de policías; otro matrimonio de vampiros con sus dos niñas de hadas; un niño adolescente de mago con su madre que iba de bailarina de *ballet* y dos amigos jovenzuelos de Mickey Mouse y el Pato Donald. Al poco tiempo llegó el alma de la fiesta vestido de Elvis Presley (algo previsible), con su cuñado disfrazado de Danny Zuko.

—Estáis guapísimas —dijo Elvis mientras cogía a Kika de la cintura y le hacía girar acabando con un beso de película—. Nos sentamos con vosotras, damiselas.

Durante toda la noche, Elvis y la *geisha* estuvieron mirándose y hablando como si Danny y la Pocahontas no existieran, claro que no la culpo porque ese *feeling* que tuvieron y esa sensación eufórica que estaban sintiendo ambos era digna de ser disfrutada. No sabía muy bien qué decirle a Mark después de lo ocurrido, no sabía si tendría ganas de hablar, de pensar o se sentía incómodo y quería salir de ese ambiente de tortolitos y vida feliz.

MARK

Me disfracé de Danny Zuko porque esperaba tener a Sandy esa noche a mi lado, pero las circunstancias de la vida no se pueden elegir, simplemente ocurren. Mi cuñado iba de Elvis Presley y lo imitaba genial. Cuando lo vi aparecer me eché a reír, siempre conseguía hacerlo.

La zona de la piscina estaba súper bonita, las luces llamaban mucho la atención y ver a la gente disfrazada y pasándoselo bien me alegraba. Esa noche solo quería disfrutar, olvidarme de todo. Vimos a Kika y Beca y nos sentamos con ellas. Kika iba muy repeinada, con un atuendo japonés muy currado que pensé en el calor que podría darle y un maquillaje que se veía desde bien lejos, desde luego que no había nadie que se hubiese esmerado tanto. Su amiga de india, todo lo contrario a Kika. Esta llevaba un top y una falda marrón con flecos en forma puntiaguda y el pelo suelto, muy liso, de un color casi rojizo, las dos marcas de su cara tapaban sus delicadas y tiernas pecas, sus ojos verdes sin maquillaje brillaban esa noche más que nunca.

Intenté que mi cuñado disfrutase y se lo pasase bien, lo notaba feliz y muy encariñado. No sabía cómo sacarle tema de conversación a Beca, ya que se veía siempre muy seria, como si nada fuese con ella y viviese en su mundo, como si siempre rondase algo por su cabeza y necesitase pensarlo una y otra vez. Eso me causaba curiosidad, la miraba de reojo y le notaba la mirada triste; tal vez no fuese así, pero a mí me lo parecía.

— ¿Te gusta esto? —exclamé. No era una pregunta a lo loco, de verdad, me apetecía saber qué pensaba.

—Digamos que me ha pillado por sorpresa, pero no está mal —me respondió.

— ¿Por sorpresa? Si es súper famoso.

—Supongo que no me paro en las cosas que no me llaman la atención.

— ¿Y qué te llama la atención? —Supuse que estaba yendo demasiado lejos y tal vez podía incomodarla—. Bueno…, si se puede preguntar.

BECA

Me preguntó él, cosa que me dejó bastante sorprendida. Me alegré por una parte, ya que no me encontraba tan incómoda como antes. Supongo que al mirarme la cara y ver lo mucho que me divertía prefirió preguntarme qué otras cosas me llamaban la atención.

—Aunque vaya vestida de salvaje todavía respondo a lo que me preguntan —le dije con cara sonriente para quitarle un poco de tensión a la conversación—. Disfrazarme nunca ha sido una de ellas, pero reconozco que este disfraz inspirado en Pocahontas mola, y en cuanto a tu pregunta, muchas cosas que podría estar contándote toda la noche, pero diría que el mar es una de las que más.

—De hecho, tengo toda la noche. Supongo que lo de querer ser un cisne está estrechamente relacionado.

—Tal vez lo fui en otra vida, quién sabe. Y tú, ¿eres más de Danny Zuko duro y rebelde o dulce y romántico?

Se quedó pensativo, su cara cambió de repente, como si alguien pusiese una barrera y de repente no existiéramos ninguno para el otro. Un sudor repentino me recorrió el cuerpo, no quería pasarme de lista y que él se pensara cualquier cosa o pudiese importunarle, pero en los momentos donde todo fluía, esa chispa me salía natural. No con cualquiera puedes tener una conversación en la que estás esperando qué dirá el otro para decirle algo todavía más acojonante y conmovedor.

—Creo que todos habéis comprobado hoy que soy ambas cosas.

Sentí lo que me temía, el haber removido algo que estaba intentando olvidar, por lo menos aquella noche.

MARK

Fui un idiota de campeonato. Cuando por fin iba la conversación fluida y se ponía la cosa interesante, saqué el tema de lo que había ocurrido por la mañana. Claro que tampoco me culpo porque estaba todo muy reciente y, aunque logré por unos minutos que se me olvidara todo, la realidad siempre volvía. Me quedé pensativo a su pregunta, si soy duro y rebelde o dulce y romántico, no solo por la respuesta tonta que tuve, sino porque de verdad me percaté de que nunca había mirado dentro de mí, nunca me había mirado a mí mismo, siempre lo había hecho a través de los ojos de los demás. A partir de ahí hubo unos momentos de absoluto silencio, los golpes me empezaban a doler de nuevo y la imagen de Julián a un centímetro de mi cara volvía para recordarme lo cruel que había sido. Macius y Kika habían ido a por unos refrescos y cuando volvieron lo hicieron entusiasmados.

—No os lo vais a creer, hay un concurso —exclamó ella repleta de felicidad como si acabaran de anunciarle que había ganado la lotería.

— ¿Concurso de qué?—exclamó Beca.

—Pues de disfraces, cariño, ¿de qué va a ser? —Kika disfrutaba tanto con todo eso que era imposible no seguirle la corriente.

—Seguro que vosotros os lleváis el primer premio, sois la mirada de todos —les dije yo para animarlos aún más.

—Eso ahora lo veremos, han montado un pequeño escenario y hay que subir a desfilar —respondió ella.

Por la cara que puso Beca, intuí que no le había hecho mucha gracia la idea. A mí no me importaba, total, más espectáculo que había dado aquella mañana no podía dar mi disfraz, y solo con ver la ilusión que le hacía a ese par de tortolitos ya me animaba. Kika y Macius fueron a ver cómo iba el escenario y cuánto les faltaba para poder realizar su exótico pase de modelos. Beca y yo nos volvimos a quedar solos sin saber qué decir, la miraba y veía que su cara de susto no había cambiado, a lo que le solté sin motivo aparente:

—No te preocupes, si estás preciosa —dije sin pensar, definitivamente aquel día no me reconocía.

BECA

Un concurso. Subir a desfilar... Bueno, no era santo de mi devoción, a decir verdad, pero no me iba a oponer a tal cosa, tal vez hasta lo pasáramos bien, total, con mi básico disfraz no iba a ganar, pero a Kika le hacía tanta ilusión que no podría haberle aguado la fiesta. Me sentía rara esa noche, pudo ser por las situaciones inesperadas que estábamos viviendo en ese *camping* o porque ese chico me ponía nerviosa. Sus ojos se clavaban en los míos y no podía aguantar la mirada, algo que nunca me había pasado. Esa sensación era nueva para mí, para colmo, cuando soltó «Estás preciosa», me quedé paralizada. ¿Qué debía responder yo? Estuve a punto de levantarme e irme, pero respiré hondo y le contesté:

—Gracias, tú también. —Así de seco lo dije, con mente fría, como si fuese un cumplido y se hubiese despertado la compasión en él esa noche, aunque bien sabía que ese auto convencimiento no iba a durar para siempre.

Desfilamos en el escenario. La primera fue Kika. Con su aire sureño y su movimiento de cadera los dejó a todos boquiabiertos; parecía que se dedicara a eso. Los tacones que llevaba eran de diez centímetros y, aun así, se movía como si fuesen zapatos planos. Cuando terminó el recorrido, se soltó el pelo como si fuese una famosa cantante y le fuesen a tirar pétalos de rosa a continuación. Cuando habían desfilado todos los demás le tocó a Macius. Con movimientos chulescos, recorrió el escenario, acabó bailando con gracia y salero haciéndonos reír a todos.

— ¿Te parece si salimos juntos? Supongo que va a ser más llevadero para ambos —me dijo Mark ante mi movimiento de piernas que delataba lo nerviosa que me ponía ser el centro de todas las miradas.

—Vamos allá.

Subimos al escenario cortados, como si fuésemos dos maniquíes o más bien nos hubiésemos disfrazado de robots. Hicimos una ligera reverencia. Él se tocó el pelo, me dio una vuelta y rápidamente nos bajamos. No duramos mucho más de un minuto encima del escenario, pero lo habíamos hecho bien, al menos ninguno de los dos nos habíamos tropezado o quedado paralizado, que era lo que más yo temía.

—Choca por lo bien que ha salido —le dije entusiasmada.

—Pues claro que sí.

Él también se entusiasmó, fuimos ambos a sentarnos para escuchar quiénes eran los ganadores.

MARK

Cuando me dijo que yo también lo estaba, un alivio inmediato me recorrió el cuerpo. Temía que pudiese haberse molestado por ese comentario tan repentino e impulsivo, pero pasó todo lo contrario; ambos subimos al escenario y lo hicimos increíblemente bien (a nuestra manera). Estábamos entusiasmados y parecía que todo lo que había pasado anteriormente había creado un ambiente que empujaba a adquirir un gramo más de confianza entre nosotros.

El primer puesto fue para Jack Sparrow. Todos aplaudimos. La cara de Kika cambió por completo, no se esperaba para nada no haber ganado, pero pronto volvió a sonreír cuando anunciaron que el segundo puesto era para ella.

—Aunque conste que me merecía el primero —dijo antes de subir al escenario.

Macius aplaudía como loco, como si el premio lo hubiese obtenido él. El pobre se quedó algo desilusionado, pero lo disimuló muy bien; desde luego que en ningún momento de aquella noche vi su mal perder, tal vez le gustase Kika de verdad. El tercer premio fue para el chico vestido de mago, el cual solo llevaba una capa y un bonete, pero había dejado maravillados a todos con su actuación.

— ¿No se supone que deben valorar la vestimenta? —exclamó Beca, que parecía habernos leído a todos la mente.

Aunque, bueno, creo que solo la escuché yo, ya que Kika y Macius estaban muy atentos al pequeño obsequio de Kika, una figura de cristal de una máscara con un número dos dibujado.

Un poco después, Kika y Macius se fueron a la tienda. Beca empezó a andar hacia el muelle y yo la seguí.

5. AZUL TIFFANY

SIA

Sia no sabía muy bien cómo sacarle el tema a su madre. Los días pasaban y trabajaba cada vez más. Aún faltaba algún tiempo para que acabasen las clases y su amiga Anna observaba que estaba muy nerviosa y que no atendía. El colegio era mixto y sin uniformes, adelantado para su época, donde su estilo disciplinario pretendía hacer de cada uno de los alumnos personas con propósitos de relevancia.

—Sia, cuéntamelo, te prometo que no diré nada a nadie, pero sea lo que sea te está comiendo por dentro.

—Verás , mi abuela me ha contado…

Sia se desahogó con su amiga. Anna tenía unos ojos azules claros con un pelo castaño oscuro corto que cautivaba las miradas de todo el que posaba sus ojos en ella, pero lo que más gustaba era su bondad una vez que la conocías. Sia confiaba en ella, sabía que no diría nada a nadie y que toda la historia que su abuela le había contado y las ganas locas por descubrir la verdad no iban a cesar.

— ¿Me ayudarás? —le dijo cogiéndole la mano mientras estaban en el pasillo de la escuela donde esperaban a la siguiente clase.

— ¿Cómo quieres que te ayude?

La mirada de Anna no era de indiferencia, sino más bien de preocupación; sabía que su terca amiga no iba a parar hasta averiguar dónde estaba su padre.

—No lo sé, pero seguro que se me ocurre algo.

—Ya te digo yo que, conociéndote, seguro que sí.

La profesora Emmy la reclamó al salir de clase. Notaba a Sia distraída, algo que no era frecuente en ella. Emmy era una treintañera soltera cuyos ancestros habían fundado el colegio hacía medio siglo. Dedicaba su vida a la enseñanza, más que por vocación, por obligación y correspondencia. No era muy empática con las alumnas y se dedicaba a hacer su trabajo de la mejor manera posible y marcharse a casa. Siempre lucía una coleta con la raya en medio y para lo blanca que era tenía una piel ennegrecida por manchas. En Sia veía a la niña rebelde que ella no había podido ser y era una de las pocas alumnas que llamaba su atención.

—Hoy estás en las nubes, Sia, ¿ocurre algo? —le dijo mientras la invitaba a sentarse en la silla del primer pupitre de la clase.

—Disculpe, profesora, solo un poco cansada.

— ¿No duermes bien?

—Me acuesto tarde, está mi abuela en casa y nos quedamos hablando hasta tarde.

—Bueno…, espero que no vengas a clase tan cansada, lo próximo que vamos a trabajar requiere de mucha atención, estamos en la recta final —Le hizo un gesto señalando la puerta para que se marchase.

DARÍO

El hecho de empezar siendo el ayudante del profesor le hizo conocerlo más en todos los sentidos. Era un hombre viudo a cuya única hija la cuidaba una hermana suya. Era carismático y reservado; si le había contado eso a Darío era porque de verdad veía en él algo que no veía en nadie más.

—Me casé por obligación, un matrimonio concertado, pero cuando tuve a mi hija empecé a querer a mi mujer de una forma muy distinta. ¿Cómo no iba a querer a la madre de mi hija? —le contó mirando al horizonte como si se sintiese culpable por ello.

— ¿Qué le ocurrió? —le preguntó Darío, habiéndose arrepentido de ello nada más susurrar la última palabra.

Hubo un largo silencio.

—Ella simplemente no quería vivir. —Su cara se tornó en tristeza y confusión.

—Lo siento, don Ernesto, no quería incomodarlo. —Darío se sintió fatal después de escuchar aquello.

—Profesor, llámame profesor. Ahora ven, te enseñaré la sala donde vas a trabajar. —Se levantó como si lo que le hubiese contado fuese ya agua pasada y empezaron a recorrer los pasillos hasta que llegaron a la sala.

Cuando Darío la vio se quedó atónito. Era una gran sala, con techo de bóveda y ventanales amplios de estilo gótico. Las lámparas daban una luz muy tenue que te sumergía en un ambiente cálido. Había lienzos y pinturas por todas partes, sábanas en el suelo para no mancharlo. Una chimenea a un lado sin encender y cuadros pintados por alumnos de todos los años en las paredes de toda la sala. Cada paso que dabas tenía eco, se escuchaba hasta el silencio.

—Aquí es donde empieza tu aventura, jovenzuelo —le dijo el profesor mientras observaba un cuadro de un león perdido en una selva—. Así como ese león está perdido, tiene miedo y su cara parece aterradora, cuando venga alguien a intimidarlo se defenderá, sacará lo que lleva dentro porque es su naturaleza, entonces, lo comprenderá todo.

— ¿Y si ese miedo le impidiese sacar a la luz su naturaleza?

—No, chico, no funciona así. Lo que hay dentro es más fuerte que cualquier miedo. Tener miedo es normal, pero ten claro que siempre la luz acaba con la oscuridad.

Los dos se quedaron observando el cuadro durante un largo rato, callados, sin decir nada; la madera del suelo crujía y solo se escuchaban los pájaros que se posaban en las ventanas.

—Ahora te toca a ti, Darío, es tu momento, aprovéchalo, disfrútalo y saca solo cosas buenas de ello. Debo irme a una reunión, prepara la sala a tu gusto, esta tarde ya vendrán alumnos a hacer uso de ella Por cierto, se va a llamar *Sala Esperanza* porque no solo dará la esperanza de seguir soñando, sino también de poder aliviarnos.

El profesor se marchó y Darío se quedó solo en ese espacio tan grande como una galaxia.

SIA

Ese día fue a trabajar como cada tarde. Tom le dijo que si quería podía ir con él de excursión ese día, quedaban muchas plazas libres y el tiempo era magnífico. Lo abrazó con tanta fuerza que hasta él se extrañó. Sus ganas por navegar eran tan grandes que ni todos los océanos juntos las superaban.

La tarde era maravillosa; el atardecer fue increíble. Entre las nubes se vislumbraba un color rosado con una luz que no podías parar de mirar, era tan intensa que deseabas poder quedarte allí para siempre, entre algodones. El mar olía distinto desde dentro, la brisa era diferente, todo era un sueño hecho realidad. Algunos se mareaban un poco con el oleaje, pero a ella le gustaba el balanceo; cada sonido al choque de las olas le parecía aún más increíble.

—Cómo te pareces a tu padre —exclamó Tom, sin pensar que, aunque ella estaba ensimismada, había llegado a escucharlo.

— ¿Conocías a mi padre? —le dijo volviéndose hacia él.

—Bueno, de vista, era timonel, aquí casi todos nos conocíamos. No hablaba mucho, solo sé que le gustaba mucho el mar.

— ¿Dónde murió? —le preguntó ella sin más rodeos.

—No lo sé —le respondió intentando evitar el tema—. ¿Por qué no vas a supervisar si está todo bien?

Sia se marchó cabizbaja. Le hubiese gustado escuchar otra respuesta, le gustaría poder llevarle flores o al menos saber dónde murió, cuáles fueron sus últimas palabras, si murió en algún hospital o en el barco, saber cuál era su mayor temor, si le gustaban o no los animales, quería saberlo todo de él, y la única que se había esmerado un poco más había sido su abuela, la cual parecía que no sabía mucho más, o al menos era lo que le había hecho entender a ella.

Cuando iba de camino a casa, se encontró a Anna que iba a hacer unos recados, la acompañó y pasearon por las estrechas calles de Holyhead, con casas de dos plantas, algunas pintadas de colores. La calle de tiendas era pintoresca, se podía pasear tranquilamente porque a la hora a la que fueron no estaba muy transitada. Conocían a casi todos los comerciantes. Era un pueblo pequeño. Las tiendas de ropa lucían con escaparates donde los maniquíes vestían pantalones acampanados y mangas de campana, llamaba la atención el contraste con los abrigos de piel de oveja y minifaldas; en general, la época daba lugar a una ecléctica mezcla de influencias estilísticas

—Tom conocía a mi padre de vista, me lo ha dicho hoy —le soltó mientras Anna se recolocaba la bolsa con lo que había comprado.

—Vaya, ¿has averiguado algo más?

—No, no creo que sepa más.

—Sia, creo que debes hablar con Cambria, ella seguro que te comenta algo más, pero no puedes estar así, debes descansar, realmente te veo desfasada con todo esto, te está superando. A mí también se me murió mi madre y no pude conocerla, me acuerdo de ella todos los días, pero la vida sigue, no se puede hacer nada, solo intentar no pensar en ello.

—Dijiste que me ayudarías, tú puedes ir a visitar a tu madre, a llevarle flores, yo no. Siento constantemente que todos me mienten, es mi intuición. Perdona si te molesta, no te molestaré más con ello.

Estaba eufórica, lloraba como si le acaban de dar una mala noticia; era impotencia, nadie le hacía caso. Empezó a andar rápido hacia su casa.

—No pretendía hacerte daño, claro que te ayudaré, solo quería calmarteeee —le gritó cuando ya casi la había perdido de vista.

DARÍO

Los primeros que aparecieron por la sala fueron Glenda, Jonas y Lynette. Los tres le dieron la enhorabuena a Darío por lo bien que había quedado todo y el trabajo que había conseguido. Glenda no le quitaba la mirada de encima, le gustaba, pero tras ver que no era correspondida había desistido.

— ¿Nos podemos poner manos a la obra? —exclamó Jonas con una sonrisa deseando coger el pincel.

—Claro, faltaría más —respondió Darío mientras les entregaba las batas blancas que había preparado para ello.

Pronto entraron más alumnos. Unos observaban los cuadros, otros simplemente pintaban los que se le venía a la cabeza; unos pintaban grandes lienzos, otros pequeños. Algunos de ellos preguntaban a Darío por técnicas de pintura distintas, querían experimentar; Darío, encantado, les enseñaba. Estaban todos ensimismados, escuchando canciones de fondo de Tom Jones y Badfinger.

Cuando llegó la hora, todos los estudiantes se marcharon, excepto Jonas, que se quedó apurando al último momento y que, por haber retrasado la hora de salir de Darío, se quedó con él a ayudarlo a recoger.

—Te está quedando muy bonito, Jonas. ¿Dónde está ese lugar?

—Gracias, Darío, es el faro de South Stack, se encuentra en la isla de Holy. Llama la atención su verde y pronunciado acantilado. He querido pintarlo con el cielo despejado y soleado porque me encanta la luz. Se puede acceder a él, pero hay que bajar 400 escalones. Nunca lo he hecho, pero me gustaría. Mi madre y yo solíamos ir a pasear por los alrededores, pero hace años que no vamos —le dijo mientras miraban al cuadro, atentos, sin apartar la mirada ni un solo momento.

La tierna sonrisa de Jonas y su sonrojo al hablar hacían de él un muchacho tímido y amable, sin malas intenciones, que tartamudeaba un poco por su nerviosismo.

—Podríamos ir un día, yo te acompañaré si quieres.

— ¡Claro! —Su sonrisa se dibujó aún más en su rostro, no solo porque iría a aquel sitio que tanto le gustaba, sino porque, por primera vez, parecía que tenía un amigo que quería hacer cosas con él—. ¿Te acompaño a la pensión? Me pilla de paso.

—De acuerdo, vayámonos ya.

Ambos amigos fueron hablando todo el tiempo sobre lo mucho que le gustaba ir a pescar a Jonas. Este le contó que su madre tenía una pequeña pastelería y que hacía los mejores dulces de todo Comwy. Darío pensaba en todas las comidas deliciosas que le preparaba su madre y que no volvería a probar.

—Perdona, Darío, qué bobo soy; por tu cara sé que los añoras.

—No te preocupes, no me gusta que la gente tenga que empatizar conmigo a cada instante, al final, cada uno tiene unas circunstancias y tú lo haces sin mala intención. ¿Me llevas a esa pastelería? Creo que la cena de Grace puede esperar.

Otra vez el sonrojo apareció en Jonas, que lo llevó sin dudarlo, ya pensaba en lo contenta que se pondría su madre al ver a su nuevo amigo.

SIA

Si ya estaba realmente mal, ahora le faltaba la pelea con su mejor amiga. Su cabeza estaba inundada de pasajes e ideas, de fantasías y añoranzas, solo le quedaba ser paciente e intentar averiguar por su cuenta, pero ¿por dónde empezaba? ¿Quién podría ayudarle? Se dirigió al desván de la casa intentando buscar cualquier pista que pudiese servirle. Rebuscó en las cajas llenas de polvo, había de todo, objetos obsoletos, relojes de pared de la tienda de su abuela que no funcionaban, una estantería con sus juguetes de niña, entre los que se encontraba su pequeño balancín con forma de caballo tallado en madera y una pelota de beisbol firmada. En el techo, un pequeño ventanal de color azul turquesa por el que entraba la suficiente luz como para vislumbrar todo lo que había. En la parte baja de una pequeña estantería había un pequeño baúl, cerrado con el candado de un diario, el cual no dudó en abrir con la horquilla que llevaba puesta. Solo había tres cosas, una brújula tallada con el nombre de Will, un pequeño frasco de perfume y una carta cerrada con un hilo de pescar. No dudó en abrirla; decía así:

> *Querida mía, mi Cambria:*
> *Estoy enfermo y no paran, estos boloñeses no me dejan. Debí quedarme contigo cuando me lo pediste. Es tan duro saber que estás esperando un hijo mío y no poder estar ahí, al menos Freddy me está cuidando, no sufras, pronto volveremos a vernos.*
> *No olvides que te quiero,*
> *William.*

¿Freddy? ¿Quién era Freddy? Intentó ver si había algo más, pero nada, el baúl estaba vacío y todo lo que había encontrado eran esas tres cosas. Olería ese perfume todas las mañanas y guardaría esa brújula como si fuese un tesoro. Dejó la carta donde estaba porque sus palabras ya se habían quedado guardadas en su mente y cerró ese baúl con el candado. Desde la planta de arriba gritaban su nombre, era Mery diciendo que la cena estaba lista.

BECA

He de reconocer que la fiesta de disfraces me gustó. Me dirigí hacia el muelle. Ese lugar tenía algo especial, sentía como si nada malo pudiera pasar ahí. A los demás les daba miedo porque era de noche y cuenta la leyenda que un monstruo aparece para capturar a los que intentan invadirlo, tal vez ese monstruo fuese su propio miedo. Mark me siguió, se sentó a mi lado y se quedó en silencio, observaba el cielo con la mirada iluminada por la luz de luna intentando alcanzarla como si le repelase la tierra. Estaba descubriendo algo en él que me gustaba, tal vez fuese su comprensión o su ternura a la hora de tratar a las personas. Me sentía un poco atraída por él, pero debía irse de mi cabeza tal pensamiento. Su situación era muy complicada y lo que menos necesitaba era calentarme la cabeza por algo más.

—¿Qué te parece si nos tumbamos? —me dijo cuando ya estaba haciéndolo.

Yo hice lo mismo.

La diferencia era brutal. El cielo estaba brillante, libre de contaminación, de fondo se escuchaba todavía la música de la fiesta, pero pronto la apagaron y solo quedó el sonido de la noche. No había luz por ninguna parte, solo la de las infinitas estrellas en el cielo.

—Beca, debería estar mal, afligido, con ansiedad como dice la gente, pero no lo estoy. Me encuentro aliviado, libre y con el corazón entero; solo pienso en vivir este momento. Claro que se me viene a la cabeza Rosa, pero sin rencor, como si la entendiese y hubiese pasado página ya.

—Tal vez no estabas enamorado —me atreví a contestarle.

—Tal vez si esto no hubiera pasado, no hubiésemos llegado a conocernos —me contestó cogiéndome la mano.

—Tal vez el destino.

MARK

Me sentí culpable por no estar mal por Rosa. Era una chica que me encantaba y nuestro poco tiempo de relación había sido maravilloso, pero algo dentro de mí me hizo darme cuenta de que tal vez no estaba realmente enamorado, como me había dicho Beca. Me daba pena por Macius porque, aunque a veces nos sacaba de quicio, era un tío increíble y nos habíamos cogido mucho cariño.

Esa noche vi en Beca algo muy especial que nunca me hubiese percatado de no haber sido porque Rosa se hubiese marchado. Conocer más a Beca me hizo darme cuenta de su sensibilidad y su espíritu libre, de que no era como los demás, no era superficial, lo vivía todo desde lo más profundo de su ser, a su manera.

Nos sentamos y le cogí la mano. Miraba al cielo, pero sin descuidar que tenía tumbada a mi lado a una persona que brillaba más que todo el firmamento junto. El viento acariciaba las hojas de los árboles y unos cuantos grillos sonaban de fondo.

—Yo creo en el destino, ¿sabes? —le contesté.

Me quité la ropa y me metí al lago. Ella también se metió conmigo. Su cuerpo era delgado y esbelto, tenía la piel suave y un bronceado de color dorado; resaltaban sus grandes ojos verdes a la luz de la luna, los cuales no podía dejar de mirar.

—Ahora entiendo tu disfraz de Pocahontas... —me acerqué y le besé la mejilla suavemente.

Hay conexiones que no se pueden explicar, son conexiones sobrenaturales, parten de otras dimensiones, simplemente sientes que es ahí; las tan aclamadas mariposas en el estómago que hasta ahora me di cuenta de que no había sentido, las sentí ahí. En un escenario tan bonito como ese, con una persona que lo hacía aún más maravilloso, no cabían en mí pensamientos de futuro con preguntas que no tenían respuesta, solo existía el ahora, y el ahora era nuestro, era nuestro momento. No hizo falta mediar palabra ni pensar qué hacer para que el otro se divirtiera o se sintiera a gusto, éramos dos personas dejándose llevar por esa magia, porque era eso, magia.

BECA

La noche resultó de lo más imprevisible, nunca imaginé que la vida me tenía preparada una sorpresa como la que estaba viviendo, me dejé llevar por la pasión. Mark tenía una mirada tan dulce, no podía ver en él ni un ápice de maldad; su comportamiento protector y sus delicadas manos que me rozaban me hacían volverme loca. Cuando me besó la mejilla, temblaba, era una sensación tan potente que como si fuésemos cada uno un imán; no podíamos separarnos, nos volvimos adictos a ese momento. Yo, con mi razón siempre por delante y siendo una persona tan meticulosa, me estaba dejando llevar. Claro está que si Rosa hubiese seguido con él, nada de esto habría pasado, nunca me hubiese metido en medio de ellos ni aunque hubiese venido solo, por eso estaba conociendo una parte de mí misma que hasta ahora desconocía. Pensar que me iba a atrever con un chico como lo hice esa noche despertó en mí la chispa que me hizo resurgir. Va a ser cierto eso de que el amor nos vuelve locos, que nos atrapa y que una vez que lo sientes no quieres volver a estar como antes, sin él.

Nos despertaron las voces de niños corriendo.

—Mark, despierta —le susurré al oído—. Debemos vestirnos.

—No me digas eso, me quedaría aquí para siempre —me respondió mientras se inclinaba y se sentaba cogiéndose las rodillas.

—Yo también, te juro que yo también —le dije—. Kika y yo nos quedamos hasta pasado mañana, porque el martes ya empiezo a trabajar. Por cierto, ¿a qué te dedicas tú?

—Entonces nos queda esta noche. Es jueves 1 de julio de 1993, es nuestro comienzo. Hagamos algo diferente, tú y yo, solos; perdámonos, pasemos el día solos. —Me cogió de la mejilla mientras me lo decía—. Ayudo a mi padre, él reforma casas, yo me encargo de pintarlas una vez terminadas, aunque, bueno, siempre hago miles de cosas más. ¿Y tú?, me intriga saberlo.

—Trabajo como recepcionista en un hotel. Estudié Turismo al igual que Kika, pero vivo sola, mis padres están en Milán y mi hermana en Argentina. ¿Sabes?, mi casa casi la he reformado sola, ahora tengo un mural a medio pintar…

—Me gustaría ayudarte a terminar de pintar ese mural del mar. ¿Crees que nos volveremos a ver?

— ¿Cómo sabes que es del mar? —Le cogí las manos y lo miré a los ojos riendo—. No lo creo, estoy segura.

MARK

Sabía que el mural que estaba a medio pintar era del mar porque, aparte de que ella me dijo que le encantaba, no me cabía la menor duda porque, así como el mar, ella me había aliviado; porque, así como el mar, solo necesitaba sentarme cerca de ella y respirar profundo para limpiar todo lo que había dentro de mí. Había estudiado Turismo, la excusa perfecta para recorrer juntos el mundo entero. Nos quedaba una noche, solo una noche antes de regresar a casa. Nos vestimos y fuimos a buscar a Macius y Kika que seguían durmiendo como troncos en la tienda.

—Toc, toc —dijimos como si simulásemos tocar una puerta—. Vamos, tortolitos, que son más de las nueve.

—Sí, sí, ahora vamos —respondió Kika entre sueños.

Mientras tanto, Beca y yo nos adentramos en el pequeño bosque, había un arroyo con una predecible cascada que ninguno había visto antes. Beca se echó agua en la cara y se sentó en una roca que había con los pies colgando, mientras que las gotas que el viento arrastraba acababan mojándole. Acabé sentado a su lado, el sonido de la cascada era muy relajante; los mismos niños que nos habían despertado por la mañana ahora se encontraban jugando en el agua. En lo alto de esa roca se veía el frondoso bosque con árboles de abedul blanco.

—Entonces, ¿cuáles son tus planes de futuro? —le pregunté mientras me giraba hacia ella.

— ¿Mis planes de futuro? —Se echó a reír—. Intento no pensar en ello, me limito a vivir el presente, creo que con eso ya tengo suficiente.

—Lo que sí es cierto es que este fin de semana ha estado lleno de sorpresas.

—Hace tiempo aprendí que no debía preocuparme, sino ocuparme. Cuando mis padres se fueron, yo era más pequeña y vivía con mi abuela. Lo teníamos todo planeado, hicimos un mapa con los sitios a los que viajaríamos al cumplir dieciocho años e incluso había hablado con un contacto suyo para que yo trabajase en un hotel de Lacio, una ciudad italiana —me contó mientras se le caía una lágrima.

— ¿Y qué pasó? —me atreví a preguntarle.

—Lo peor que pudo pasar. Un mes antes falleció. Se me vino el mundo encima, pensé que nunca podría superarlo. Mis padres querían llevarme con ellos y mi hermana también, pero yo me negué, decidí superarlo sola y aquí sigo. Cuando acabé la carrera, me ofrecieron este trabajo y acepté, pero todo lo que tenía planeado hacer con ella sigo pendiente de hacerlo, algún día, no sé ni cuándo ni cómo ni con quién.

—Lo siento, Beca, debió ser muy duro.

— ¿Cómo fue tu infancia en Colombia? —me preguntó mientras se acostaba sobre la roca igual que hizo la noche anterior.

—Mi ciudad, Pereira (Colombia), o también llamada «La perla del Otún», se encuentra rodeada por montañas y paisajes del verde eje cafetero. Sus vías te sumergen entre miles de variedades de plantas, árboles, y entre ellos, los más destacados caudales y extensos cafetales, para disfrutar de caminatas, paseos en bicicleta y también para los amantes de las motos. Todo ello me hace pensar en tranquilidad, aire puro. En un día soleado como aquellos de cuando era pequeño y solíamos ir al río en familia, un típico paseo para nosotros, donde disfrutábamos e incluso se volvía un juego el conseguir trozos de madera para encender y preparar la comida junto al río. O cuando todos los niños del barrio nos juntábamos para jugar durante horas típicos juegos, como el escondite, la lleva , entre otros, los cuales ponían a prueba nuestra destreza, agilidad y rendimiento físico al subir, bajar pendientes y largas escaleras en medio de las casas.

»No podría pasar por alto uno de los momentos o fechas más especiales para muchos como es la llegada del mes de diciembre, una fecha donde familias, amigos y vecinos nos uníamos para disfrutar y realizar actividades, como pintar las calles con imágenes de Papá Noel, árboles de Navidad, además de adornar con pequeñas luces nuestras casas. De fondo sonaba la típica música alegre acompañada de las comidas para compartir, que solo suelen estar durante estas festividades, que se convierten en una tradición.

—Mark, me ha encantado y emocionado, me hace mucha ilusión saber de ti.

—Entonces no nos vayamos aún, tenemos mucho que contarnos —me contestó cogiéndome la mano.

6. AZUL CLARO

GALES, ABRIL DE 1970

DARÍO

En cuanto vio a la madre de Jonas, el recuerdo de su madre se apoderó de él. Se parecía tanto a ella En ese momento quiso que la tierra se lo tragara y lo escupiera al cielo para poder verla. La necesitaba tanto que por mucho que disimulara no había día que no se acordara de ella, de su pelo rubio rizado que le llegaba por la cintura, de su mirada tan tierna y su voz tan suave que parecía que susurraba y que nadie llegaba a oír a la primera.

—Darío, Darío, ¿estás bien? —le dijo Jonas tocándole el brazo con un dedo intentando que su amigo aterrizase a la tierra.

—Perdona, el olor de la tienda es tan agradable que me ha hecho evadirme por un momento.

—Eso es porque tu amigo está hambriento —respondió la madre de Jonas al instante, la cual preparó una bandeja llena de dulces que sirvió en la pequeña mesa de color rosa (la cual Jonas siempre decía que era demasiado cursi).

Toda la pastelería era una fantasía, como si te pudieses sumergir en un cuento de hadas y la madre de Jonas fuese el hada madrina. Todas las mesas contaban con pequeñas tazas de té y azucarillos para que te sirvieras tú mismo. Lámparas colgantes de época iluminaban de una manera tenue. Una vitrina llena de todo tipo de pastelitos y dulces, galletas y bizcochitos. La tienda estaba repleta de gente, pero la madre de Jonas resplandecía de alegría al ver a su hijo acompañado de ese muchacho. Por primera vez, su hijo iba a tener un amigo y ni toda la clientela del mundo podía parar su atención hacia ellos, quería que se sintiera como en casa.

—Ya sabe que aquí está siempre invitado —le dijo mientras le servía un poco más de té.

—Muchas gracias, señora Lewis.

—Oh, no, por favor, llámame Aderyn —le exclamó sonriendo, de hecho, desde que lo vio no había dejado de hacerlo—. Jonas, planeemos algo para este fin de semana, una excursión tal vez; que Darío conozca más los alrededores y la cultura galesa.

—Vaya, hace un rato comentábamos hacer una escapada al faro de South Stack —respondió Jonas pendiente de la cara que iba a poner su amigo.

—Pues entonces no se hable más. Darío, mañana iremos de excursión, ponte ropa cómoda que pasaremos a recogerte a eso de las once. —Aderyn se marchó contenta por el plan que había orquestado en un momento.

Darío sonrió y agradeció la amabilidad y la intensa cordialidad al tratarlo. Pensó que esa excursión le vendría bien para despejarse de todos los cambios tan efusivos que estaba teniendo en su vida y a los que le estaba todavía costando adaptarse.

SIA

No probó bocado, estaba físicamente en la mesa, pero mentalmente en otra dimensión.

—Abuela, ¿quién es Freddy?

Su madre casi se atraganta con la comida.

— ¿Por qué lo preguntas? —le dijo Cambria intentando disimular un poco.

—Solo quiero saber quién es, la que ha hecho la pregunta he sido yo.

—No sé de quién me hablas —le respondió su abuela.

—Yo tampoco —dijo Cambria pegando un sorbo al vino tinto que se había echado en la copa para acompañar al bistec.

—Ya, claro, no sabéis nada, ni quién es Freddy, ni dónde está enterrado mi padre, ni siquiera que había un baúl en el desván con esta brújula y este perfume. —Se sacó del bolsillo ambas cosas para enseñarlas como si de un trofeo se tratase.

Se levantó y se fue a su cuarto. Ni Cambria ni su abuela tuvieron opción a defenderse, se miraron y siguieron comiendo para evitar decir nada, intentando terminar de asimilar lo que acababa de pasar.

A la mañana siguiente se cruzó con Anna, el colegio había terminado y no se veían tanto como entonces. No quiso dirigirle la palabra, era tan rencorosa que de su boca no saldría un perdón, aunque la matasen. Sin embargo, Anna la conocía tan bien que no le importaba rebajarse con tal de no perder su amistad, una amistad que para ella era auténtica.

—Sia, espera, solo quiero hablar contigo. —Aunque aceleró el paso, llegó a alcanzarla.

—Dime, ya puede ser muy importante.

— ¿Por qué siempre tienes que ser tan obstinada? No pretendí hacerte daño, solo intentaba decir lo que pensé que era mejor para ti, siento si te molestó.

—Está bien, tranquila. —Siguieron andando como si no hubiese pasado nada—. Vayamos a dar una vuelta.

DARÍO

Se levantó entusiasmado por la excursión. Conocer nuevos lugares siempre le había fascinado y sentir que estaba arropado por el cariño de Jonas y su madre le causaba una sensación de corazón contento que le animaba y motivaba a ir a cualquier sitio y a hacer cualquier cosa. El sol brillaba y, aunque no sabía aun lo que era quitarse el abrigo en la calle, por lo menos no llovía. Los vio aparecer en un Renault 10 1300 de color gris metálico. Asomado con la mano arriba saludando estaba Jonas, con una camiseta ceñida y un jersey, sus míticos pantalones de campana marrón oscuro y sus gafas empañadas por la humedad. Lo recogieron en la puerta de la pensión diez minutos antes, menos mal que a Darío nunca se la hacía tarde y estaba listo media hora antes de que pasaran por él.

La duración del viaje era de casi una hora en coche. Debían atravesar el puente Britannia para llegar, un puente que cruza sobre el estrecho de Menai entre las islas de Anglesey y Gran Bretaña.

—Es asombroso —exclamó boquiabierto.

Madre e hijo se miraron satisfechos por la reacción de Darío.

—Pues ya nos queda poco para que te asombres del todo.

Subió el volumen de la radio, escuchó que era la canción «I Me Mine», de los Beatles, la cual se lanzó en enero de 1970.

Las flores moradas vestían sus faldas, el aire soplaba con mucha fuerza y los cuatrocientos escalones de piedra no eran un desafío para ellos. Cruzaron un pequeño puente de metal que lo une con la isla de Holy para así llegar hasta el diminuto islote donde se encontraba el faro, más conocido como el faro de South Stack, de color blanco, con el mar de fondo y enormes acantilados de granitos. Un faro que orientaba a los buques que realizaban la peligrosa ruta de Irlanda, Holyhead y Liverpool.

—Merece todo el esfuerzo solo con poder contemplar esta belleza.

Aunque el aire le había dejado los labios morados, ni siquiera se paraba a pensar en ello. Los veintiocho metros de faro y los sesenta de acantilado le hicieron imaginarse flotando, estaba tan cerca del cielo. Se imaginaba tumbado en una de esas nubes donde el sol se refleja y permite vislumbrar todo lo que hay en la tierra bajo una luz tan radiante que parece celestial.

Los tres estuvieron paseando, inhalando el aire puro y disfrutando de esas increíbles vistas tan espectaculares.

—Vamos dentro del faro, veréis que es tan bonito que pareciese como si viajásemos en el tiempo y pudiésemos sentir lo que sintieron aquellos que pasaban aquí esas frías noches de niebla y oscuridad. —Aderyn corrió sin pensarlo, evitando así quedar congelada por completo.

Dentro no había nadie o al menos era lo que esperaban, hasta que comprobaron que había dos muchachas dentro del habitáculo al que justamente ellos iban a entrar.

SIA

Una hora y media de camino llevó a esas dos amigas hacia el faro de South Stack. Pretendían tomar el aire, descansar y desconectar al menos durante esa mañana. Era un lugar que a Sia encantaba y al que acudía siempre con su madre. Para Anna era su primera vez. Cuando por fin llegaron a la cima, se cogieron de la mano y gritaron lo más fuerte que pudieron, descargando la furia, el rencor, el dolor y todo lo que se había ido acumulando dentro de ellas como motas de polvo que cuesta limpiar una vez que las dejas aposentarse. El viento les enfrió tanto la garganta que después de realizar esa limpieza emocional tuvieron que adentrarse en el faro para poder refugiarse y calentarse un poco.

—Anna, ven, recuerdo una pintura súper bonita dentro; si no me equivoco, tiene que estar por aquí —Dio vueltas como una marioneta hasta que finalmente la encontró—. Aquí está, sabía que seguiría.

—Enséñame todo lo que quieras que hasta que no me caliente un poco no salgo —le dijo Anna casi tiritando.

Era una pintura muy poco visible, el paso de los años la había deteriorado. En ella había colores muy cálidos, una barca de color blanco y rojo cuyo reflejo en el agua parecía casi morado. El sol creaba unas sombras anaranjadas que cubrían la mayor parte del cielo. Un círculo blanco de pintura era el sol. Las olas tenían un color rojizo con reflejos blancos y la arena era de color lila.

—Es bonito, cuesta dejar de mirarlo, hay tanta luz —exclamó Anna acercándose.

—Debieron hacerlo con acuarela —le respondió Sia mientras tocaba la pintura deslizando sus manos suavemente.

—Perdone, señorita, pero está equivocada, no es acuarela, es óleo.

Sia elevó la cabeza con aires de grandeza sin decir una palabra mientras cogía del brazo a Anna para salir.

Una vez fuera y con los labios tornándose nuevamente de un color morado, decidieron que la mejor idea era regresar a casa. Se estaba haciendo la hora de comer y la piel se les estaba empezando a agrietar.

— ¿Has oído al chico?, seguramente ni él sabe qué clase de pintura es. Contradecirme a mí con esa agria cara, delante de ti y de ese muchacho y esa mujer… —Y es que, aunque los labios se le cayesen a trozos, Sia no se podía quedar callada.

Anna sí que se quedó en silencio, sin decir nada, tapándose la boca con una bufanda de lana blanca pretendiendo no responder a su impulsiva y testaruda amiga.

DARÍO

Le pareció graciosa la actitud de una muchacha que había confundido la acuarela con el óleo. Claro que la entendía. La acuarela era la técnica más usada, sobre todo cuando se es pequeño. En los colegios no se profundiza en el arte, no al menos lo necesario para no confundir la acuarela con el óleo. Era algo que mosqueaba a Darío. Veía imprescindible que se desarrollasen las habilidades artísticas en los niños desde bien temprano, pues es otra forma de expresarse, contando con la belleza de que aquello que pintas se queda plasmado para poder ser recordado y dando por hecho que no todo el mundo tiene una fluida aptitud verbal para expresarse. Hay quienes se expresan mejor a través de la escritura, escultura, pintura o cualquier tipo de arte.

—Si no me lo ha parecido a mí, esa niña era un poco insolente —exclamó Aderyn con tono irónico.

—Acercaos, es increíble Ella llevaba razón, esa pequeña barca está pintada con acuarela, es mínima, pero se nota aquí —les señaló la parte que decía—. Y no solo eso…, hay unos números pintados, «23011954», como si fuese la propia identificación del barco. ¿Qué querrán decir? ¿Existió ese barco en la realidad? —Darío estaba entusiasmado, nunca había visto nada parecido antes—. En todos los años que tengo, nunca he visto que dos técnicas juntas puedan llegar a crear algo tan asombroso.

—Desde luego que te cuesta dejar de mirar —dijo Jonas animando a su amigo en ese inoportuno misterio—. ¿No se supone que los artistas firman los cuadros? Probablemente alguien dejó su firma en esta pared.

—De hecho, ahí pone algo, amigo. —Darío abrazó a Jonas como gesto de complicidad, quedando este petrificado a la vez que anonadado porque era la primera vez que alguien le decía amigo en voz alta—. Cuesta verlo, el nombre es raro, de hecho, ni me di cuenta.

—Dejadme echar un vistazo, que para algo sirvan estas grandes gafas de culo de vaso. —Se acercó tanto que casi se pega un topazo contra la pared—. Admito que es complicado, pero creo que pone algo como… ¿Marshall? No, no, espera, ¿Mershall? No, no, espera, pone Martial, aunque eso del final parece una «n», en definitiva, es Martian.

—Martian… —exclamó Darío—, preguntaremos al profesor.

—Bueno, chicos, dejaos las fantasías que hemos de regresar, os invito a tomar algo de camino para que os calentéis un poco —exclamó Aderyn al salir, mientras que su cabello le tiraba fuertemente hacia atrás por la velocidad del viento.

SIA

Se despidió de Anna. Al llegar a casa, su madre y su abuela la esperaban para comer. Cuando estaban los platos servidos en la mesa y se disponían a probar bocado, tocaron a la puerta. Era Emmy, la profesora de Sia y Anna. Por supuesto, Cambria la invitó a pasar e incluso a sentarse en la mesa con ellas. El olor a estofado de ternera abría el apetito a cualquiera, pero Emmy no había ido con ese propósito, sino con uno bien distinto.

—Gracias, pero ya he comido, vengo a hablar con usted acerca de Sia —le contestó seria, aunque con cara de cansancio.

—Pero no se quede en la puerta, pase —respondió Cambria, empezando a imaginarse el porqué de la visita de esa mujer.

Emmy se sentó en la mesa. Le tocó presidirla. Todas la miraban con cara de susto como si hubiesen visto un fantasma. Sia empezó a ponerse nerviosa, sabía que el tema iba con ella. Al final, la valiente y atrevida niña que podía con todo y desafiaba a todos también se venía abajo de vez en cuando. También le temblaban las piernas cuando intuía que podía haber hecho algo mal. El estómago se le revolvía y las manos le comenzaron a sudar. Quería que esa lluvia de clavos que se aproximaba, cuya nube se situaba justo encima de su cabeza, pasara lo más rápido posible. En ese momento, ansiaba levantarse e ir a trabajar.

—Hay un campamento próximamente donde seguro aprendes mucho, solo serán unos días, ¿qué tal si vienes?

—Señorita Emmy, muchas gracias por el ofrecimiento, ahora estoy trabajando y no sé si podré, deje que me lo piense. —Suspiró aliviada.

—Vamos, Sia, solo serán unos días, considero que aprenderás mucho y que en este momento te vendrá bien para despejar esa mente llena de pensamientos, ¿no crees? No te puedo obligar, pero te subiré un poco la nota si vienes, cosa que considero que te vendrá bastante bien —añadió mientras le guiñaba un ojo y se levantaba pretendiendo marcharse.

Emmy se marchó y las tres prosiguieron a terminar de comer sin decir palabra, claro que su madre y su abuela veían una oportunidad maravillosa para Sia, pero, con esa testarudez que la caracteriza, prefirieron dar rienda suelta a su libre albedrío.

— ¿Os importa si invito a alguien a pasar el fin de semana? —preguntó Mery.

— ¿A quién, mamá? —respondió Cambria asombrada, ya que, exceptuando a los vecinos, con nadie más se relacionaba.

—Seguro que es a ese amigo suyo con el que tanto habla por teléfono —se dispuso a decir Sia, satisfecha por el cambio repentino de tema.

—Ese mismo, y seguro que te alegrarás al conocerlo. —Se marchó con su plato repelado en la mano y dando por hecho que la respuesta era afirmativa.

ESPAÑA, JULIO 1993

BECA

Me invadía una extraña sensación de querer saber más de él, tal vez sintiese que iba a descubrir algo que no me esperaba, pero fuera lo que fuese, mi intuición me decía que era algo bueno. Por lo poco que lo conocía, veía en él a una persona carismática, nada egocéntrica y que no necesitaba echarse flores a cada momento para intentar complacer o gustar a los demás. Claro que, a veces, pensaba que todo era producto de mi imaginación, de un deseo incontrolable y momentáneo y que más tarde todo se desmoronaría, despertaría y me daría cuenta de que la realidad era distinta. Y es que a veces sobrevivimos gracias a la imaginación, sobre todo en momentos de soledad o tristeza, cuando todo se viene abajo. Gracias a nuestra mente podemos crear una realidad distinta, casi llegar a vivirla como si fuese real, tal vez sea eso lo que nos salve del dolor en ciertos momentos de nuestra vida.

— ¿Cómo fue tu infancia, Beca? —me preguntó mientras cerraba los ojos.

—No hay día que pase que no me visualice a mí misma en aquel momento, a veces maldigo el momento en que ansiaba crecer. —Ambos soltamos una carcajada—. Feliz, lo tenía todo y no lo sabía, sin preocupaciones, la inocencia supongo que es un ingrediente indispensable de la felicidad de aquel momento. Es cierto que hay escenarios de mi infancia que recuerdo así, llenos de luz, con personas especiales, no hace falta que fuesen familia para serlo. Me cuidaban y sonreían al verme. Y eso trasciende todas las barreras. Cuando recuerdas eso, da igual la edad que tengas, todas las barreras de tu corazón se deshacen como un ovillo de lana.

—Cuando era pequeño siempre soñé con construir una máquina del tiempo, ¿sabes? Estudié Diseño Industrial en la Universidad Católica de Pereira. Me apasiona mucho el diseño de mobiliario e interiorismo, de hecho, quise cambiarme a Arquitectura en varias ocasiones, pero ya eran varios años de avance en el diseño.

—Es fascinante, a cada cosa que me cuentas me sorprendes más. ¿Crees que alguien en algún momento, en esta o cualquier galaxia, ha podido llegar a construirla?

—No lo creo, estoy seguro. He investigado mucho acerca de ello, he leído tantos libros que me parece increíble que te intereses en el tema. Es posible curvar el espacio-tiempo y crear un puente. Un agujero de gusano, un túnel de dos salidas, cada una a un punto diferente en el espacio-tiempo. Todo eso debe existir en el cosmos. Bastaría con generar un láser para generar un haz circular. Se curvaría el espacio dentro de ese anillo de luz. Bueno , te podría estar hablando de ello durante horas. Un día te enseñaré algo que tengo guardado que te enloquecerá igual que a mí.

MARK

Poder hablar con Beca tan abiertamente era algo increíble. Me invadía un cúmulo de sentimientos. Intentaba disfrutar de ese momento, pero el exceso de futuro se adueñaba de mi mente. Ese instante en el que nuestros ojos se cruzaban y con solo la mirada nos lo decíamos todo era algo que nunca había sentido con ninguna otra persona. Pensar en regresar al pueblo me causaba el temor de que todo volviese a ser como antes, que nos olvidásemos el uno al otro y que la situación con Rosa resultase ser más complicada de lo que preveía. Le hablé a Beca de mis pasiones, de lo que había estudiado y lo que tenía en mente. Ella simplemente me escuchaba, como un niño que escucha boquiabierto la conversación de dos adultos, aunque no se entere de nada. Pero ahí estaba , prestando atención simplemente por el mero hecho de que el que hablaba era yo.

Alguien empezó a gritar nuestro nombre a lo lejos, me percaté de que era Macius; me hizo un gesto con la mano para que fuese hasta donde él estaba. Beca y yo nos levantamos y fuimos hasta él.

—Hermano mío, debemos marcharnos, por la radio han dicho que están cortando las carreteras de la zona porque se avecina un mal temporal, no podemos arriesgarnos a quedarnos y no poder salir en días Ya sabes que necesito plata... —me susurró al oído.

— ¿Mal temporal?, ¡pero si estamos en julio! —exclamé decepcionado por ese cambio de planes.

—Sí, eso mismo pienso yo Debe ser algo extraño cuando la gente se está alarmando tanto —me respondió Macius exaltado.

Enseguida apareció Kika con las maletas, tanto suyas como de Beca, hechas y pegando gritos por lo que acababa de escuchar.

—Beca, vamos, corre, estamos en peligro —le dijo quitándose el sombrero mientras lo apretaba con las manos, atemorizada

Acto seguido, se tiró hacia Macius, lo besó y le prometió llamarlo todas las semanas. Le dijo que lo echaría tanto de menos que en menos de un año ahorraría para irse a vivir con él.

Me quedé sin saber qué hacer, no sabía cómo despedirme de ella ni qué decirle; con Kika y Macius delante me quedé parado. Nuestras miradas se volvieron a cruzar, me era imposible apartarla, nos estábamos diciendo tantas cosas de esa forma

—Adiós, Beca.

—Adiós, Mark.

—Te esperaré, cosita —terminó gritando Macius mientras las veía alejarse.

BECA

Todo pasó muy rápido. No llegué a asimilar bien la situación en ese momento porque Kika y Macius vinieron bastante acelerados hacia nosotros, alborotados, como si viniese el fin del mundo. Una tormenta de verano como cualquier otra, pensé yo, pero todos estaban alarmados. Claro que me tenía que pasar esto a mí, como siempre no todo podía ser perfecto; cuando mejor lo estaba pasando y había sentido algo tan poderoso que nunca antes había sentido, aparece una puñetera tormenta. ¿En serio, destino? ¿Tenía que llover ahora? En julio. Si hubiese sido diciembre me lo creería, pero ¿en julio? Estaba frustrada a la vez que enfadada, no sabía si era rabia o nostalgia. Un cúmulo de sentimientos encontrados a los que no podía hacer frente porque no los conocía, no estaba acostumbrada a ellos. Tal vez Mark estaba más acostumbrado, había tenido pareja, sabría cómo calmarlos de alguna forma. Se quedó como un espantapájaros, quieto, mirándome, claro que esa mirada fue fulminante, me atravesó el cuerpo y llegó a mi corazón como la bala de un disparo. Esos ojos, esos ojos que no se me podían borrar de la mente. Esos ojos que me miraban con tanta ternura que podría pasarme seis vidas enteras mirando. Le dije el adiós con más desgarro que había dicho en toda mi vida.

7. AZUL FRANCIA

DARÍO

—Claro, Mery, allí estaré. —Colgó el teléfono.

Era domingo. Darío cogió un tren que se dirigía a Holyhead. Días antes se había comprado un peculiar sombrero que decidió estrenar porque el sol deslumbraba y no había aparentes nubes en el cielo. Se sentía con vitalidad y ganas de conocer un nuevo lugar, y más si era en el que residía su nueva amiga. El paisaje en tren fue muy agradable. Observaba los verdes prados y el colorido de las flores. Observaba a gente que se escondía detrás de los periódicos. Observaba a los distintos pasajeros, cada uno con sus peculiaridades, con sus manías. El que solo miraba a la ventana como si estuviese en una película romántica o el que se dormía llegando a pegar algún ronquido que otro. Todos ellos tenían algo en común, llegar a su destino. Para algunos, el viaje era importante, sentirse cómodos. Otros se sentían atemorizados por cualquier ruido procedente de los raíles. Otros simplemente improvisaban y otros estaban deseando llegar a su destino.

Era la segunda vez que pisaba la isla de Holy. Mery estaba esperándolo con una sonrisa. Enseguida que se percató de su llegada, quiso acercarse más de lo que los guardias la dejaron, estaba impaciente por abrazar a Darío y hacerle saber lo mucho que le agradaba su llegada.

—Jovencito, tenía tantas ganas de verte. ¿Cómo va todo? —le dijo nada más él cruzó a la zona donde ella se encontraba.

—Mejor que nunca, tengo mucho que contarte, Mery. Ayer estuve en el faro de South Stack con un amigo y su madre; fue increíble —le respondió mientras se tocaba el pelo para lucir su sombrero de color blanco que hacía resaltar su heterocromía.

Se sorprendió al ver que Mery iba a ser la que conducía. Claro que los achaques de su edad no eran un impedimento para ella ni mucho menos. Luchaba por ser una mujer independiente y valerse de sí misma hasta el fin de sus días.

Llegaron a la casa. Para Darío era un sueño vivir frente al mar. Le llamó bastante la atención la casa de madera con ventanas azul turquesa. Le recordó a las casas de la costa amalfitana. Fue con su madre cuando tenía cinco años. Ella siempre le decía que tenía la oportunidad de vivir en un país en el que los viajeros siempre apuntan en su lista de deseos.

No había nadie en casa. Mery le sirvió una taza de café y se sentaron en el porche mirando como las olas rugían con fuerza mientras se lo tomaban.

—No sé dónde se habrán metido mi hija y mi nieta —exclamó Mary—. Tengo ganas de que las conozcas. Cuéntame eso de tu excursión.

—No sabría por dónde empezar, fue fascinante. El paisaje era muy bonito; hacía mucho frío, pero mereció la pena. Si te soy sincero, descubrí algo interesante dentro del faro, una pintura que me llamó bastante la atención porque , no sé cómo decirlo, Mery, pero esos números me son muy familiares —Se quedó pensativo mirando al horizonte.

—¿Qué números? —susurró ella como si se tratase de un secreto muy valioso.

—Pues verás, no le dije nada a Jonas, pero en la pintura había un barco dibujado con una numeración muy familiar para mí, lo sentí como mío. Es una sensación muy extraña que no sé cómo explicar. Esos números intentan decirme algo, lo sé. Debo investigar sobre ese barco —le dijo dejando la taza de café sobre la mesa.

Mery se quedó callada, sonriendo. En ese momento apareció Sia en su bicicleta, la aparcó rápidamente y subió. En cuanto Darío la vio, se quedó petrificado.

—¿Tú? —exclamó él.

—¿Tú? —exclamó ella.

—¿Os conocéis? —exclamó Mery.

SIA

Se levantó contenta. Era domingo y hacía una mañana preciosa. Cogió su bicicleta y se dispuso a recorrer en ella los senderos hacia el puerto. Visitaría a Tom y volvería a casa a disfrutar de su abuela. Así lo hizo. Todos los domingos ponían un pequeño mercadillo por el que pasaba con su bicicleta saludando a todos los comerciantes. Era su día preferido, le daban cosas a degustar y hasta le regalaban complementos. Se sentía libre y poderosa

Tom estaba sentado en la proa del velero, con una cerveza en la mano y disfrutando de los relajantes movimientos que las olas provocaban. Tenía los ojos cerrados y cantaba susurrando una canción de marineros.

«El capitán llamó a todos y juró
que llevaría esa ballena a remolque,
pronto puede venir el Wellerman
para traernos azúcar, té y ron.
Un día, cuando nuestro cante termine,
Nos despediremos y nos iremos».

Fue a subir cuando escuchó a una mujer acercarse. Vio que se dirigía hacia él, así que decidió dejar la bici aparcada y esconderse en una parte donde el casco del velero la tapaba para escuchar lo que le iba a decir.

—Querido, han venido a visitarme mis padres, dicen que te extrañan y quieren verte —le dijo aquella mujer, un poco desaliñada y con unas ojeras de no haber pegado ojo en toda la noche.

Él se sobresaltó, parecía que había visto a un fantasma y su cara de felicidad cambió por completo a una agria expresión.

— ¿Tus padres? Te dije que les dijeras que ya no estamos juntos, a ver si lo entiendes —exclamó enfadado elevando el tono de voz.

—Pero Freddy... —Ella se llevó las manos a la cabeza y empezó a llorar.

—Y no me vuelvas a llamar así nunca más... —Esta vez tiró la botella de cerveza con rabia y los cristales quedaron esparcidos por toda la cubierta.

¿Freddy?, pensó Sia. Era el nombre de la carta. Se asustó. Cogió la bicicleta y pedaleó rápido hacia su casa. Claro que el llegar a casa había sido algo que ya no recordaba, fue un pedaleo puramente mecánico e intuitivo porque su mente iba a cien mil por hora. Ahora lo entendía todo. Tom conocía a su padre y no de vista como él decía. Aparcó la bici mientras le temblaban las manos y le sudaban como un manantial y se dispuso a ir rápidamente a ver a su madre. Claro que por el camino había una sorpresa que no se esperaba. Ahí estaba sentado, sonriendo con su abuela, el chico con el que se había encontrado en el faro el día anterior.

—Abuela, nos conocemos y no es que me agrade su presencia y menos hoy, lo que me faltaba —dijo mirando al suelo—. ¿Dónde está mi madre?

—Pero bueno, niña, ¿cómo puedes llegar a ser tan maleducada? Nunca te enseñé esos valores y no me gustaría seguir sintiendo vergüenza de que mi nieta hable así a mis invitados —le reprochó Mery.

Ella sintió un gran remordimiento por su comportamiento y le dolieron las palabras de su abuela, tanto que no tuvo más remedio que arrepentirse.

—Lo siento, abuela. Es que ya no puedo más. —Empezó a llorar—. Hoy me enteré de algo que ; todo esto me supera.

—No, Sia, últimamente estás muy intolerante con todo, ahora mismo no quiero seguir hablando del tema. ¿Por qué no vas con Darío a dar un paseo y le cuentas lo que te ha pasado? Él solo te escuchará. Darío, ¿te importa? Mientras, preparo la comida —les dijo siendo más bien una imposición que una pregunta.

—No tengo inconveniente, Mery —aceptó Darío.

Sia no tuvo más remedio que acceder.

DARÍO

Darío intentó comportarse lo mejor posible con la nieta de Mery, pero intuía que iba a ser complicado. Esa niña era muy altiva y le iba a costar que mostrase su verdadero yo. Porque Darío, en cuanto la vio, supo que algo se escondía detrás de ese bloque y para descubrir lo que había al otro lado, primero debía derribarlo.

—Bueno, cuéntame —le dijo él para romper el hielo.

—He accedido a pasear, pero no creas que te voy a contar nada —le respondió ella.

—Entonces me presentaré yo. Te voy a contar todo de mí en un minuto, ¿te parece?

—Si te hace ilusión —exclamó mirando hacia otro lado.

—Me llamo Darío y soy italiano. Estudio en la escuela de arte de Conwy y trabajo allí ayudando al profesor. Allí he conocido a mi mejor amigo, Jonas; me encanta la pastelería de su madre. Vivo en la pensión de Grace y mi color favorito es el morado. Conocí a tu abuela en el tren, gracias a ella no lo perdí. Supongo que mi madre me la puso en el camino para que no me sintiese tan solo. Reconozco que me está siendo difícil adaptarme, pero con el calor que la gente me está dando y el haber conocido a una persona tan buena como tu abuela, el camino se me está haciendo más llevadero —resumió él en menos de un minuto.

Algo cambió en ella. Tal vez se dio cuenta de que cada persona tiene una historia que le ha marcado para siempre.

— ¿Entonces no tienes madre? —se atrevió a preguntar.

—Ni padre. Estoy yo solo ante el mundo, lleno de coraje y entusiasmo. El arte es mi forma de vivir ahora mismo —le respondió él mirándola a los ojos como si se acabara de quitar la piel y se hubiese quedado desnudo y sin nada que lo protegiese.

—Debió ser duro To tampoco tengo padre. Toda esta rabia me viene de ahí, lo siento. —Era la primera vez que se disculpaba ante alguien.

SIA

La percepción sobre Darío había cambiado. Se había dado cuenta de que no podía seguir juzgando a la gente sin conocerla. Nadie sabe lo que está pasando una persona cuando te da su más sincera sonrisa. Todos tenemos una historia que contar y de la que el aprendizaje está siendo constante. Era la primera vez que miraba a Darío a los ojos, se dio cuenta de que nunca había visto una mirada tan absorbente como la suya. El típico chico a las que todas caían rendidas y que solo salía con la más popular. Y ella acababa de percatarse de ello, lo que le puso aún más nerviosa, llegando incluso a disculparse. El mar de fondo y el sol que los alumbraba como si estuvieran en un escenario y un gran foco los iluminaba.

—Si te cuento lo que llevo entre manos ¿prometes no decirlo a nadie? —le dijo con una voz tierna a la vez que rara en ella.

—Se nota que no me conoces, nunca diría un secreto ajeno —le respondió—. Pero yo también te contaré algo de lo que quiero que me des tu opinión.

—Trato hecho.

Se estrecharon la mano.

DARÍO

Quedó impresionado con la historia. No entendía por qué Cambria no le contaba nada más.

—Entonces, Tom sabe algo más , tal vez por eso no quería tu madre que fueras con él a trabajar, pero con lo terca que pareces, es posible que pensase que sería mejor dejarte y que no intentases averiguar más nada por tu cuenta. Al final nos vamos a necesitar, te ayudaré —exclamó él.

—Eso me gusta —respondió ella—. Pero ahora cuéntame lo tuyo.

—Lo mío esperará. Primero llévame a ver el barco del tal Tom.

Le llamó la atención la cantidad de pasajeros que subían y bajaban de los *ferries* del puerto. El acceso peatonal desde el centro de Holyhead se realiza a través de Celtic Gateway, un puente que unía la ciudad y el puerto. El velero de Tom le asombró por lo deteriorado que le pareció en comparación con los demás. El casco estaba comenzando a desconcharse y la línea azul que lo cruzaba empezaba a pasar desapercibida. Lo que sí le llamó la atención fue lo limpio que estaba.

Claro que lo que menos esperaba era percatarse de que el *Charlie* estaba marcado con los mismos números que había visto pintados en el faro.

—No puede ser… —dijo ensimismado.

—¿Qué ocurre, Darío?

SIA

Tom se había encendido un cigarrillo y estaba sentado en uno de sus negros y viejos asientos fumándoselo mientras resoplaba e intentaba evadirse por completo de su mar de pensamientos. Le dio una última calada al cigarro y lo tiró al mar. La actitud de Tom había cambiado, no era así como Sia lo había conocido, hablaba brusco y cortante.

Darío le causaba mucha intriga y sentía una fuerte conexión que los unía, una cuestión energética que nunca había experimentado y que cada vez le resultaba más extraña. Es cierto que todos sus prejuicios no eran más que eso, prejuicios, puesto que nadie se había propuesto ayudarla hasta ahora como él; se sentía protegida.

Una corriente se apoderó de ella, un impulso en nuestro planeta que la hizo envalentonarse hasta Tom hasta gritarle lo que tanto tiempo había estado intentando callar.

—Sé que te llamas Freddy y que conocías perfectamente a mi padre. No me moveré de aquí hasta que me lo cuentes todo con pelos y señales —dijo la feroz niña sacando de sus entrañas la voz que ya no le salía.

Tom Freddy se quedó callado, se encendió otro cigarro y cerró los ojos como si no hubiese escuchado nada, cosa que enfureció aún más a Sia, que se echó a llorar arropándose entre los brazos de Darío.

—Bajaos de mi velero, nunca debí acceder a las peticiones de tu madre —terminó por decir tan cabreado que llegó a asustarlos.

El velero zarpó y no tuvieron más remedio que saltar hacia el muelle.

DARÍO

Nunca había conocido a nadie que tuviese las agallas de Sia para decir las cosas de manera tan directa que a veces resultaban hasta hirientes. Aun así, tuvo la oportunidad de conocer su lado más humano, sus debilidades, aquello por lo que luchaba sin cesar a la espera de una respuesta, porque Darío sabía que la vida estaba hecha de incógnitas sin responder, que tal vez la única respuesta fuera la que cada uno siente, que nuestras realidades son distintas y que se puede ayudar, pero no intervenir en el aprendizaje de cada persona.

Tenía a Sia llorando en su pecho y no solo le causaba ternura, sino también tristeza. Sabía lo que se sentía al perder a alguien, un sentimiento de arraigo, como si alguien metiese la mano en tu corazón y te lo sacase y te dejase zombi; como si tu mente se desprendiese de ti y ahora fueses tú el que depende de ella. Y tal vez ella no sintiese eso, tal vez sintiese desolación y rabia, pero, fuera lo que fuese, ahí estaba él para brindarle la calma al escuchar los latidos de su corazón.

—He de decirte algo, Sia.

—Ahora no, Darío, no digas nada, solo quiero quedarme abrazada a ti un rato más, solo eso.

—Está bien, volvamos a casa.

—A casa no, vayámonos a otro lugar, solos, donde nadie nos hable, donde no haya problemas.

—Puedes venir conmigo a Conwy si quieres, pero antes debo despedirme de tu abuela —le dijo sin llegar a soltarla.

SIA

Entre sus brazos todo era distinto, no quería separarse de aquello que le daba paz en un momento de tempestad como el que estaba viviendo, al fin y al cabo, solo era una niña con un propósito, un propósito por el cual surcaría mares y lucharía hasta el final de sus días. No quería que Darío se marchase, debía hacer algo para impedirlo, pero no tenía cabeza para pensar en eso ahora, solo pretendía disfrutar de ese momento de gloria y saborearlo como si fuese el último.

Claro que nada es eterno y al final fue él quien le susurró al oído que se fuese con él, pero ella no podía hacer eso, no podía huir y empezar de cero sin antes averiguar todo lo que le atormentaba, así que tuvo una idea, la mejor idea que había tenido en toda su vida.

—Nos iremos de campamento, si a ti te parece bien.

—¿De campamento?

—Sí, mi profesora me lo propuso, no creo que haya inconveniente en que vengas. ¿Qué me dices?

—Bueno, no me parece mala idea, pero debo hablar con el profesor, ya que yo soy el responsable de una nueva sala…

—Está bien, vayamos a mi casa para que lo llames. Actuaremos con total normalidad, en el campamento pensaré qué hacer, me vendrá bien tener la cabeza despejada un tiempo.

—Yo también lo creo.

ESPAÑA, DICIEMBRE 1993

BECA

No podía dejar de pensar en él, pero no tenía noticias suyas, ni siquiera llegué a descubrir dónde vivía. Kika dejó de hablar por teléfono con Macius y este nunca llegó a darle su dirección, tal vez avergonzado de dónde vivían, llegué a imaginar. No dejaba de pensar en lo fascinante que había sido nuestro encuentro, pero cada día la ansiedad por verlo disminuía, aunque su recuerdo permanecía en mi cabeza como si lo hubiera sellado con pegamento y no pudiera soltarse. Seguí trabajando en el hotel, contrataron nuevo personal por ser fechas señaladas y entablé relación con Sandra y Cristóbal, ambos habían sido destinados para hacer las prácticas en el hotel y yo me encargué de enseñarles durante ese tiempo. Sandra me recordaba un poco a Kika, aunque esta, con el pelo negro y gafas de sabelotodo, era una joven tierna a la vez que dispuesta; siempre quería aprender más, le gustaba tanto lo que hacía que no le importaba quedarse más tiempo. Cristóbal era un joven apuesto, alto y rubio, con el pelo repeinado y que cada vez que podía se escaqueaba y se encendía un cigarrillo. Tenía un peculiar lunar en la mejilla y preguntaba por la vida personal de sus compañeros sin tapujos, pedía consejos y se atrevía a darlos sin que nadie se los pidiese. Casi todos los fines de semana hacíamos cosas juntos, íbamos a la playa, paseábamos para ver las luces navideñas e incluso un día los invité a casa a hacer pastelillos.

—El mural es precioso, ¿lo has hecho tú? —me preguntó Sandra.

—Sí, lo he hecho yo... —añadí con cara de nostalgia, sin poder evitar que apareciese en mi mente su imagen.

— ¿Y por qué no lo has acabado? ¿Necesitas ayuda? —me dijo acercándose a observarlo.

—Necesitaría su ayuda, pero de eso ya hablamos otro día. —Me quedé pensativa como si algo dentro de mí se hubiese removido y un cúmulo de sentimientos, que estaban lejos, hubiesen regresado.

MARK

Cuando regresé todo cambió. Rosa me esperaba en casa para hablar las cosas. El trabajo me invadía. Mi padre y yo teníamos mucha presión por acabarlo lo antes posible para poder coger otros trabajos que nos hacían falta. Veía a Macius todos los días porque él se encargaba de realizar el trabajo de carpintería de las reformas de mi padre, por lo que, inevitablemente, Rosa siempre salía en nuestros temas de conversación; era su hermana y quería lo mejor para ella y sabía que lo mejor para ella era yo. Estaba muy arrepentida por lo que pasó, incluso llegó a comentarme el tema de casarnos. Pero yo no tenía pensamiento para una mujer que no fuera Beca. Claro que no supe la manera de decírselo. Estaba frustrado, sin saber qué hacer, después de todo el tiempo que había pasado ni siquiera sabía si ella habría conocido a alguien o habría rehecho su vida, pero decidí serme fiel a mí mismo. No podía estar con una mujer a la que no quería. Me senté a hablar con ella y Macius, y les conté todo. Claro que mi cuñado se molestó mucho conmigo y juró no volver a hablar del tema, le abrumaba la idea de no poder seguir siendo mi cuñado y le atemorizaba pensar en dejar de hablarme, así que prometió no meterse más en nuestros asuntos personales. Conoció a Carolina, aunque en el fondo sé que seguía pensando en Kika, pero supongo que era una relación difícil de mantener en la distancia con esos caracteres tan efusivos que les caracterizaba.

Vivía en Novelda, un pueblo que se ubica en la zona externa de las cordilleras béticas. En el centro se sitúa el castillo de la Mola. El castillo de la Mola está ubicado sobre un pequeño cerro a 360 m de altitud con relación al mar. Su planta es poligonal con ocho cubos cuadrangulares en saliente, de los que actualmente solo quedan cuatro, dos de ellos enmascarados, con una torre cuadrada en su interior, en la actualidad desmochada, todo ello de fábrica de tapial, sobre base de mampostería. Me encantaba pasear por allí. Estudié Diseño porque no solo no me encanta admirar el arte, sino también crearlo. Iba siempre que podía, me distraía mientras escuchaba la música de mi *walkman*.

La última casa que hice antes de que se acabase el año era demasiado linda. Tenía un amplio jardín donde me imaginaba un gran mural del mar. Era en bajo, pequeña, pero fue la única casa que, además de pintar, ayudé a mi padre a reformar. La sentía tan mía que me visualizaba viviendo en ella, con ella. Era un 22 de diciembre, quedaban dos días para Nochebuena y sentí la necesidad de salir a caminar, de poder alcanzar el cielo en un suspiro al llegar a lo alto del castillo.

Y cuando menos lo esperé y suspiré, me di la vuelta y la vi.

BECA

Ya casi era fin de año, momento en el que mi hermana, mi cuñado y mis padres nos reuníamos después de todo el año sin vernos.

—Llegaremos sobre las cuatro —me dijo Marta—. Sé puntual.

Puse rumbo hacia el aeropuerto. Los esperé con el típico cartelito de «Bienvenidos». En cuanto me vieron, se tiraron a darme un arrumaco, como ellos decían.

— ¡Por fin España! Vamos a tomar esas birras —murmuró Javier, mi cuñado, frotándose las manos como si algo grandioso estuviera a punto de ocurrir.

— ¿Ya?, pero si acabáis de llegar. Mejor vámonos a casa.

—No, Beca, tenemos una pequeña sorpresa para ti. Nos invitaron a la inauguración de un restaurante. ¿Te acuerdas de Mariam y Antonio? Ellos son los propietarios. Estarán encantados de tenernos con ellos y que les demos nuestros mejores consejos. —Se dejó caer en los brazos de su querido marido como si se acabasen de conocer.

—Llevaos el coche, me iré en bus a casa.

—De eso nada, Bequita, no tomarás el bondi, vienes con nosotros —resoplé, pero no me quedó otra que acompañar a los recién llegados.

—Sí, eso, no seas ortiva —terminó de añadir Javier.

El restaurante me impresionó. Mágico era su nombre y no me extrañó, porque cada rincón te sorprendía más que el anterior. Era una pequeña gruta llena de velas, las cuales te sumergían poco a poco en una cueva llena de paneles de cristales y simulaciones a estalactitas y arte gótico, sillas altas como de banquete de película y una comida que hacía honor a la famosa gastronomía mediterránea. Las luces iban cambiando, primero te recibirán con una blanca cálida que, posteriormente, se convertía en verde hasta acabar en rojo al servirse el postre. Los tres quedamos impresionados, nunca habíamos visto nada parecido, y por lo que intuía, los consejos los iban a tener que recibir mi hermana y mi cuñado de parte de ellos.

Me imaginé con un vestido rojo y unos zapatos negros de aguja, bebiendo una copa de vino enfrente de él, claro que ni todo lo bonito que fuese el restaurante podría hacer que lo dejase de mirar. Pero que me arrestasen si dejarse llevar por la imaginación fuera un pecado, porque es a lo único que podía recurrir.

—Ha sido impresionante… —exclamé cuando nos montamos en el coche, después de estar hablando con Mariam y Antonio más de tres cuartos de hora.

— ¿Te das cuenta, Javier? Si hubiese sido por ella, no se viene, ni conoce el restaurante, ni descubre el pueblo de Elda.

— ¿Elda? Pensé que era Novelda.

—Están muy cerca —exclamaron al unísono.

—Pues ya lo sabes, Bequita, y miren, allá está el castillo de la Mola. ¿Te acuerdas, mi corazón?

—Cómo no me iba a acordar, mi flaco.

— ¿Mi corazón, mi flaco?, desde luego que dais arcadas —bromeé.

Menos mal que empezó a sonar en la radio la canción de «Another Day in Paradise», de Phil Collins, y subí el volumen.

Llegamos a casa, olía a perfume de canela. Me percaté de que mis padres ya habían llegado, ese perfume era asociado automáticamente a mi madre. Ya estábamos juntos de nuevo, miré por la ventana y sentí que la estrella que más brillaba era mi abuela, pedí un deseo.

MARK

¿Me habría jugado una mala pasada mi mente? Llegué a pensar que lo había imaginado, pero cuando reaccioné supe con todo mi ser que la vi. ¿Qué haría ella allí? ¿Viviría cerca? ¿Con quién iba en el coche? Un sinfín de preguntas me rondaban en ese momento, pero lo que sí tenía claro es que las casualidades no existen y había esperanza de volver a encontrarnos y poder explicarle que era libre, no solo porque no estaba con Rosa, sino porque era libre de poder quererla sin ningún tipo de miedo.

Llegó el 24 de diciembre. Toda la familia nos sentamos en la mesa decorada por mi madre y celebramos. Mi madre había preparado pernil de cerdo para cenar y hojuelas de postre. Brindamos y bebimos, comimos y bailamos la rumba que tanto nos gusta a los colombianos. Celebramos el nacimiento de Jesús y oramos, oré por ella.

GALES, MAYO 1970

El profesor le dio esa semana de vacaciones con la condición de ir con él a ese campamento, al fin y al cabo, sentía que debía cuidar a ese muchacho, lo trataba como a un hijo y lo protegía como si lo fuese de verdad.

—Me ha costado convencer al director, pero lo tomaremos como una actividad para tu adaptación —le dijo con cara de alegría al poder alejarse un poco de aquel rutinario bucle del que no había salido en años.

El campamento iba a tener lugar del 15 al 23 de mayo, en Caernarfon, capital del condado de Gwynedd. Ernesto, Emmy, Sia y Darío se dispusieron a ir en el coche del profesor hacia el *camping* de Riverside, más conocido como «El sueño juvenil», donde las cabañas de madera, el riachuelo, las fogatas y los largos senderos verdes te envolvían en un ambiente de paz y diversión. Las actividades estaban estrictamente programadas, aunque esos dos jovenzuelos bien sabían que tenían favoritismo al ir con dos adultos conocidos que les darían vía libre en algunos momentos.

Emmy y Sia iban vestidas de la misma manera, un peto vaquero con una camisa de color blanco, ambas con un gorro de lana que Mery les había regalado para que sus orejas no se congelasen por las noches. El profesor había escogido una americana negra con unos pantalones blancos de campana, era la primera vez que dejaba el traje en casa. Y Darío, bueno, Darío simplemente había escogido lo único que se trajo en su bolsa y que según él no veía renovar hasta que no se estropease.

Los cuatro cantaban a Tom Jones, mientras que Emmy y Ernesto se miraban sonrojados, como si esa aventura hubiese llegado en el momento más necesario.

Al llegar, Sia y Darío se cogieron de la mano y saltaron balanceándose como si la felicidad de aquel momento los invadiese y se elevasen tan alto que se tuviesen que pellizcar para ver si era real. Un cúmulo de casi más de treinta jovenzuelos se encontraban viviendo aquella aventura, la mayoría solos, con tremendas ganas de conocer gente nueva.

—Hablaré con la coordinadora a ver si pueden asignarnos una cabaña en la que estemos los cuatro juntos, aunque sean habitaciones separadas dentro del mismo habitáculo, puesto que creo que nuestra misión en esta aventura no es desarrollarnos socialmente —añadió Emmy mirando al profesor embelesada mientras Sia y Darío aceptaron sin dejarla terminar de hablar a esa maravillosa oferta.

Amaneció oliendo a tierra mojada y al petricor que había creado la lluvia constante de la madrugada. Eran las nueve de la mañana y un chico de no más de quince años los despertó entregándoles un itinerario con todas las actividades organizadas del día. Emmy mostró su verdadero yo en cuanto realizaron la primera actividad. Era un juego de orientación, partían con una brújula desde el norte del campamento y debían llegar al suroeste atravesando un frondoso bosque. La mayoría llegaron a perderse, excepto ella, la cual contó que durante su juventud había leído muchos libros de historia donde los marineros se guiaban por el sol y las estrellas para llegar a su destino a la vez que había practicado con las clases que su hermano le daba mientras surcaban los mares, por ello ella siempre llevaba su propia brújula.

Así pasaron los primeros días, haciendo juegos de baile, en los cuales don Ernesto se desenvolvía con gracia; actividades de arte, donde todos quedaron asombrados con Darío, o clases de piragua en el lago, en las cuales Sia sobresaltaba. Comían en un comedor todos juntos, aunque ellos cuatro se ladeaban a una esquina donde compartían anécdotas, reían y se emocionaban.

Todas las noches, cuando Darío y Sia estaban dormidos, Emmy salía con Ernesto a fumar, miraban al cielo y sonreían, a ambos les brillaban los ojos mientras lo hacían; tal vez la adicción no fuese al cigarro, sino a esa mirada de complicidad y entendimiento, la cual decía muchas cosas que no se atrevían a decirse, una mirada calmada, tranquila, de ternura. Comenzaron contándose un resumen de su vida, de su día a día, compartían gustos y pensamientos; ambos lo habían pasado tan mal que solo necesitaban a alguien que les diese compañía y calor, que los abrazasen cuando todo estaba mal y que les susurrasen que estaría bien y, así, empezaron a enamorarse el uno del otro.

Sia y Darío no se despegaban, estaban pegados el uno al otro como con pegamento, el hecho de pensar que podrían no volver a verse los desquiciaba a ambos; por fin se habían encontrado y nada ni nadie los iba a separar. A veces, Emmy y Ernesto les sugerían ser más prudentes; aunque nadie dudaba de su noviazgo, se habían fusionado de tal manera que los problemas ya casi no les rondaban, solo pensaban en ese momento presente en el que el calor que se daba el uno al otro sanaba sus corazones.

La última noche del campamento, la del 22 de mayo, se reunieron para hacer una hoguera y tostar malvaviscos. La mayoría de alumnos y profesores bailaban en una zona cerca del lago, se disfrazaron y lo pasaban bien. Los cuatro se quedaron en la hoguera, mirando al fuego tapados con mantas mientras escuchaban el sonido de leña arder. Emmy llevaba en sus manos la brújula con la que empezó el primer juego en el campamento.

—Emmy, déjamela que la vea más de cerca, se nota antigua —exclamó Sia.

La cogió con mucha delicadeza, como si fuese una reliquia de millones de euros.

—En realidad no es mía, es de mi hermano, él me la regaló; la oveja negra de la familia le decimos —echó a reír—, porque ha ido en contra siempre de lo que estaba previsto para él.

— ¿Cómo se llama? —preguntó Darío.

—Detrás de ella está tallado su nombre.

—Freddy —susurró Darío.

—Sí, Freddy Tom, el de las botas —dijo mientras se escuchó la carcajada de don Ernesto de fondo.

Sia cambió por completo su cara, al igual que Darío, que se había percatado de lo que acababa de decir, pero esta vez ambos mantuvieron la calma, sobre todo ella; estaba tranquila. Su intuición le decía que ese era el momento, había luchado tanto para conseguir esa información sin resultado que cuando menos lo esperaba, cuando más relajada y en paz estaba, iba a llegar. Y es que el universo tiene sus tiempos y te abre las puertas cuando estás preparada para sujetar la llave.

—Emmy, ¿qué pasó con Will?

— ¿Will? Era el mejor amigo de mi hermano, se juntó con malas compañías, quería hacer un viaje para ganar mucho dinero transportando sustancias , ya sabéis a lo que me refiero. Tom me contó que no quiso dejarlo solo y lo acompañó, pero inevitablemente alguien iba a salir perjudicado de todo ese asunto. Según me dijo, cayó al mar y, al no encontrar su cuerpo, pudieron decir que fue a causa de una gripe. Freddy quedó desolado y vendió su velero a un farero. Más tarde este murió y volvió a recuperar su velero. Dice que encuentra a Will ahí. Que gracias a eso puede sentirlo cuando navega. Era un buen hombre, pero tal vez el afán por querer una vida mejor le llevó a ese destino.

—Tal vez ese era su destino —exclamó Sia.

—Tal vez. ¿Lo conocías?

Hubo un silencio, ella volvió a respirar y pronto tuvieron que marcharse a dormir.

La mañana del 23 de mayo fue distinta, se olía a seguridad y sueños. Se olía a una nueva vida. Darío y Sia, Sia y Darío. Se despidieron del campamento con grandeza, con gratitud, con serenidad. Pasaron la tarde organizando sus maletas y por la noche se montaron en el coche rumbo a sus domicilios. Sonaba la canción de «Let it Be», de los Beatles, que acababa de salir a la luz. Los cuatro tenían el corazón contento, limpio, habían alcanzado la felicidad en todo su ser.

La noche del 23 de mayo de 1970 se incendió el puente Britannia cuando a unos chicos, que jugaban en él, se les cayeron unas antorchas. En ese momento, pasaban por él Darío, Sia, Emmy y Ernesto. Los cuatro murieron, pero sus cenizas volaron muy alto, tanto que se volverían a encontrar en otra vida, los cuatro.

ESPAÑA, AGOSTO 1994

BECA

Termino de escribir esto porque es la única manera que tengo de poder desahogarme. Sigo confiando en que mis palabras recorran el mundo entero y le lleguen a él. Es lo que yo viví y sentí, escribo tal y como me sale del corazón. Está claro que el mundo se mueve con intereses, pero cuando algo se hace con el corazón se nota y yo hago siempre porque se note. Ahora estoy aquí, en Altea, en la misma casa, en la misma tumbona, admirando el mismo mural, el cual probablemente no termine en esta si no en otra vida porque lo que sí tengo claro es que lo terminaré con él porque volveré a buscar esa mirada, esa mirada en la que me perdí.

MARK

A veces la vida tiene para ti otros planes. He tenido que regresar a Colombia porque han asesinado a mi abuela. Ella iba andando por el arcén, un motorista estuvo a punto de atropellarla y ella renegó por la imprudencia; él se bajó de la moto, sacó una pistola y la mató. Así de fácil es aquí, tan simple que da miedo, que atemoriza. Tan fácil que no tienes más remedio que huir rápido. Yo lo llamo instinto de supervivencia. He decidido quedarme aquí un tiempo desde donde ahora estoy escribiendo esto porque somos nosotros, con nuestra mente llena de oasis de secretos, el poder es nuestro, al fin y al cabo, somos los compañeros de viaje de nuestros pensamientos. Recurro a mi imaginación, por ahora la única máquina del tiempo en la que me puedo refugiar, y es que tal vez la manera de volver a adentrarse en el pasado y conocer el futuro sea a través de los sueños, porque ellos son las voces de nuestra consciencia, nos despiertan la intuición, nos alertan y nos devuelven a los momentos donde fuimos felices.

No sé si nos encontraremos en esta o en otra vida, pero lo que sí tengo claro es que, sea como sea, no dejaré de pensar en ella, en esa mirada en la que me encontré.